Strafe und Textproduktion

BERLINER SLAWISTISCHE ARBEITEN

Herausgegeben von
Wolfgang Gladrow, Barbara Kunzmann-Müller,
Heinrich Olschowsky und Georg Witte

Band 16

PETER LANG
Frankfurt am Main · Berlin · Bern · Bruxelles · New York · Oxford · Wien

Sebastian Prieß

Strafe und Textproduktion

Apologetisches Bekenntnis
und literarische Kompensation:
Diskurse über Lagerhaft

PETER LANG
Europäischer Verlag der Wissenschaften

Die Deutsche Bibliothek - CIP-Einheitsaufnahme

Prieß, Sebastian:

Strafe und Textproduktion : apologetisches Bekenntnis und literarische Kompensation: Diskurse über Lagerhaft / Sebastian Prieß. - Frankfurt am Main ; Berlin ; Bern ; Bruxelles ; New York ; Oxford ; Wien : Lang, 2002
(Berliner slawistische Arbeiten ; Bd. 16)
Zugl.: Berlin, Humboldt-Univ., Magisterarbeit
ISBN 3-631-38326-6

Die Arbeit wurde von
Prof. Dr. Georg Witte zum Druck empfohlen.

ISSN 1430-192X
ISBN 3-631-38326-6

www.peterlang.de

Diese Arbeit widme ich meinen Eltern, die mir mein Studium einschließlich eines Studienortwechsels ermöglichten.

Dank

Prof. Dr. Georg Witte hat diese Arbeit von ihren ersten Entwürfen an mit Ratschlägen begleitet und mich zu ihrer Veröffentlichung ermutigt. Dafür möchte ich ihm herzlich danken.

Außerdem bin ich Irina Raschendörfer sehr verbunden, die die Entwicklung dieser Arbeit mit großem Interesse verfolgt und die gesamte Übersetzungsarbeit übernommen hat.

Das Bildarchiv Preußischer Kulturbesitz hat sämtliche in dieser Publikation vorgestellten Fotografien kostenlos zur Verfügung gestellt.

Redaktionelle Anmerkungen / Abkürzungen

Russischen Zitaten folgt eine deutsche Übersetzung, die von Irina Raschendörfer erstellt wurde. Falls eine Übersetzung eine Fußnote besitzt, verweist diese auf eine bereits veröffentlichte Übersetzung mit der entsprechenden Seitenangabe. Russische Buchtitel sind bei ihrer Ersterwähnung im Text mit einer deutschen Übersetzung versehen.

Buchtitel und Eigennamen in kyrillischer Schrift werden in der wissenschaftlichen Transkription wiedergegeben.
(zur Aussprache: š = sch / č = tsch / ž = j (wie Journal) / šč = schtsch / c = z / z = stimmhaftes s / s = stimmloses s).

BelBaltLag = Belomorsko-Baltijskij Lager' (Weißmeer-Ostsee-Lager), 1931 eröffnet, u.a. Bau des Weißmeer-Ostsee-Kanals

Belomorkanal = „Belomorsko-Baltijskij Kanal imeni Stalina. Istorija stroitel'stva" („Weißmeer-Ostsee-Kanal ‚Stalin'. Geschichte des Kanalbaus"), 1934 in Moskau erschienener offizieller Band über das BelBaltLag und die Errichtung des Weißmeer-Ostsee-Kanals

GULAG = Glavnoe upravlenie ispravitel'no-trudovych lagerej i kolonij (Hauptverwaltung der Arbeitsbesserungslager und –kolonien); generell auch als Überbegriff für die sowjetische Lagerwelt verwendet

GPU = Glavnoe Političeskoe Upravlenie (Politische Hauptverwaltung) = politische Polizei

OGPU = Ob-edinennoe Glavnoe Političeskoe Upravlenie (Vereinigte Politische Hauptverwaltung); Nachfolgebehörde der GPU

Samizdat = „Selbstverlag": Bezeichnung für private lit. u. publ. Produktion u. Verbreitung in der Sowjetunion als Ersatz für eine der staatlichen Zensur unterliegenden Buchveröffentlichung

Tamizdat = „Dort-Verlag“: Übergreifender Begriff für den Publikationsort außerhalb der Sowjetunion – „im Westen“ – von im Inland aufgrund der Zensur nicht publizierbaren Werken

SLON = Soloveckie lagerja osobogo naznačenija (Solowezker Lager zur besonderen Bestimmung); Lager auf Inselgruppe im Weißen Meer, 1923 eröffnet, 1933 endgültig geschlossen

Inhaltsverzeichnis

Kapitel 3: Zur Diskrepanz der offiziell propagierten Strafkultur in der Sowjetunion

Kapitel 4: Das Kollektivbuch *Belomorsko-Baltijskij Kanal imeni Stalina. Istorija stroitel'stva (Weißmeer-Ostsee-Kanal „Stalin". Geschichte des Kanalbaus)*

Kapitel 5: Der Erzählzyklus *Kolymskie rasskazy (Geschichten aus Kolyma)* von Varlam Šalamov

Einleitung

Der Konzeption dieser Arbeit liegt die These zugrunde, dass generell *mit der Ausübung von Strafe eine Produktion von Texten "angeregt" wird.* Dieser Zusammenhang soll anhand einer größeren Anzahl russischer und deutscher Texte veranschaulicht werden, wobei zwei Texte im Zentrum der Analyse stehen: das Kollektivbuch *Belomorsko-Baltijskij Kanal imeni Stalina. Istorija stroitel'stva (Weißmeer-Ostsee-Kanal "Stalin". Geschichte des Kanalbaus)*[1] und der von einem repressierten Autor verfaßte Erzählzyklus *Kolymskie rasskazy (Geschichten aus Kolyma)*[2]. Beide literarische Dokumente stehen trotz aller konzeptuellen, autorspezifischen und intentionalen Unterschiede innerhalb eines gemeinsamen Kontextes, sie sind literarische Beispiele eines spezifischen sowjetischen Diskurses über Strafe. Die Spezifität dieses Strafdiskurses liegt in seinem ambivalenten Charakter. Einerseits wird seit Beginn der 20er Jahre ein "offizieller" Diskurs geführt, der auf der Fassung eines neuen sowjetischen Strafgesetzbuches gründet und eine "Arbeitsbesserungspolitik" propagiert, deren Ziel die Wandlung des Straftäters zu einem bekennenden Mitglied der sozialistischen Gesellschaft ist. Der Kollektivband *Belomorkanal* kann als Beispiel eines "offiziellen" Textes angesehen werden, dessen Funktion die Kommentierung dieser propagierten Strafpolitik ist.

Den offiziellen apologetischen Schriften stehen andererseits "inoffizielle" Texte gegenüber, in denen willkürliche Formen der Inhaftierung in sowjetischen Strafeinrichtungen dargestellt werden und die insofern als Kritik des sowjetischen Strafvollzugs anzusehen sind. Aufzeichnungen dieser Art konnten nur im Geheimen entstehen, häufig erst nach der eigentlichen Haft. Ihre Publikation

---

[1] *Belomorsko-Baltijskij Kanal imeni Stalina. Istorija stroitel'stva.* Pod redakciej M. Gorkogo, L. Averbacha, S. Firina. Moskau 1934. (Im folgenden als *Belomorkanal* bezeichnet.)

[2] Varlam Šalamov: *Kolymskie rasskazy.* In: ders.: *Sobranie sočinenij v četyrech tomach.* Bd. 1, S. 7-180. Moskau 1998. Die Untersuchung bezieht sich auf den ersten, 33 Erzählungen umfassenden Zyklus mit dem Titel *Kolymskie rasskazy.* Šalamov hat 6 Zyklen von Erzählungen und Aufsätzen verfasst, die in ihrer Gesamtheit ebenfalls als *Kolymskie rasskazy* bezeichnet werden.

In deutscher Übersetzung erschienen bisher verschiedene Sammlungen seiner Erzählungen. Die umfangreichste: Warlam Schalamov: *Geschichten aus Kolyma.* Übers. von A. Nitschke u. A. Manzella. Frankfurt a. M. u.a. 1983. Vgl. ferner: Warlam Schalanow (eigentl. Schalamow): *"Artikel 58". Die Aufzeichnungen des Häftlings Schalanow.* Übers. von G. Drohla. Köln 1967. Ders.: *Kolyma. Insel im Archipel.* Übers. von G. Drohla. Köln 1967. Ders.: *Schocktherapie. Kolyma-Geschichten.* Übers. von T. Reschke. Berlin 1990. Ders.: *Ankerplatz der Hölle.* Hrsg. von N. Hess u. S. Heinrichs. Berlin 1996.

war offiziell verboten, weshalb sie zumeist nur im Sam- oder Tamizdat[3] erscheinen konnten. Varlam Šalamovs Erzählzyklus *Kolymskie rasskazy* steht als Beispiel für einen "inoffiziellen" Text: Der Autor konnte die Erzählungen erst nach seiner bald 20-jährigen Freiheitsstrafe Mitte der 50er Jahre verfassen, bis zu ihrer Veröffentlichung in der Sowjetunion in den 80er Jahren kursierten sie nur im Samizdat und seit den 60er Jahren in verschiedenen Übersetzungen im Ausland.

In dem Kapitel *Strafe als Schreibanlass* soll der Zusammenhang zwischen der Ausübung von Strafgewalt und der durch sie bedingten Entstehung von Texten zunächst anhand von Textbeispielen aus dem 18. - 20. Jhr. erläutert werden. Strafinstanzen fordern von dem Delinquenten ein Geständnis und fördern die Produktion von "Bekenntnistexten", in denen der Vollzug der Strafe gerechtfertigt werden soll. Als Reaktion auf Strafakte entstehen ebenso auch Texte, die als individuelle Erfahrungsverarbeitung einer als willkürlich empfundenen Bestrafung anzusehen sind.

In dem folgenden Kapitel *Traditionen verschiedener Strafmodelle in der sowjetischen Strafpolitik* werden auf der Grundlage von Foucaults Arbeit *Überwachen und Strafen*[4] verschiedene Formen der Strafgewalt von der frühen Neuzeit bis ins 20. Jhr. vorgestellt. Daran anschließend wird der Versuch unternommen, die Übernahme einzelner Elemente aus den unterschiedlichen Strafmodellen in die sowjetische Strafpraxis nachzuweisen.

---

[3] Samizdat (Selbstverlag): Bezeichnung für private lit. u. publ. Produktion u. Verbreitung in der Sowjetunion als Ersatz für eine der staatlichen Zensur unterliegenden Buchveröffentlichung. (Vgl. Wolfgang Kasack: *Lexikon der russischen Literatur des 20. Jahrhunderts: vom Beginn des Jahrhunderts bis zum Ende der Sowjetära.* München 1992, S. 1073ff)
Tamizdat (Dort-Verlag): Übergreifender Begriff für den Publikationsort außerhalb der Sowjetunion – „im Westen" – von im Inland nicht genehmigten oder aufgrund der Zensur nicht publizierbaren Werken. (Vgl. Kasack, 1992, S. 1269ff).

[4] Michel Foucault: *Überwachen und Strafen. Die Geburt des Gefängnisses.* Frankfurt a. M. 1994.
Foucaults Werk erwies sich für die Konzeption dieser Arbeit als äußerst fruchtbar. Er selbst betrachtete alle seine Bücher als kleine "Werkzeugkisten" und lud dazu ein, sie "aufzumachen", diesen oder jenen Satz, diese oder jene Idee oder Analyse als "Schraubenzieher" zu verwenden, um die "Machtsysteme kurzzuschließen, zu demontieren oder zu sprengen ..." (*Von den Martern zu den Zellen.* Michel Foucault im Gespräch mit Roger-Pol Droit. In: Michel Foucault: *Mikrophysik der Macht. Über Strafjustiz, Psychiatrie und Medizin.* Köln 1976, S. 45.) So fanden auch verschiedene Aspekte aus Foucaults Arbeiten - angefangen von seiner Modelltheorie verschiedener Strafgewalten über die Funktionen von Bekenntnissen bis hin zu seiner Charakterisierung von Disziplinarapparaten - in der vorliegenden Arbeit eine Anwendung bzw. Modifizierung.

In *Zur Diskrepanz der offiziell propagierten Strafkultur in der Sowjetunion* werden unter Berücksichtigung von strafrechtlichen Arbeiten der 20er und 30er Jahre die offiziell propagierten Ziele des sowjetischen Strafvollzugs dieser Zeit zusammengefasst. Dieser offiziellen Auffassung wird unter Bezug auf jüngere historische Arbeiten eine verallgemeinernde Darstellung der Haftbedingungen in sowjetischen Lagern gegenübergestellt.

Die folgenden Kapitel 4 und 5 beziehen sich auf die beiden bereits erwähnten Texte *Belomorkanal* und *Kolymskie rasskazy*. Neben einer Analyse der spezifischen biografischen Modelle in diesen Texten soll ferner die Frage behandelt werden, ob anhand der von Foucault formulierten Begriffsinhalte zur Beschreibung von Disziplinaranstalten eine mögliche Lesart dieser Texte realisiert werden kann. Ebenso soll auf das differente Verhältnis der Autoren zu ihrem "Material" und damit auf die Frage nach der Authentizität des jeweiligen Textes eingegangen werden.

Das letzte Kapitel *"Kampf" der Texte und Bilder: Zur Konstruktion eines Anklagediskurses in der ideologischen Auseinandersetzung politischer Systeme der 20er und 30er Jahre des 20. Jhr.* konzentriert sich auf einen Zeitraum, in dem zwei gegensätzliche politische Positionen dieser Zeit – die sowjetische und die antibolschewistische Perspektive – die Entstehung von zumeist polemisch-propagandistischen Schriften zur Konstituierung von Anklagediskursen fördern.

Kapitel 1: Strafe als Schreibanlass

1. "Bekenntnisliteratur" als Legitimationsstrategie strafrechtlicher Instanzen

Seit der frühen Neuzeit nehmen unterschiedliche Textsorten[5] eine wesentliche Funktion innerhalb von Strafdiskursen ein: Strafe wird über Texte verkündet, kommentiert, kritisiert oder befürwortet, Strafe dient verschiedenen Interessengruppen mit teilweise gegensätzlichen Intentionen als Beschreibungsobjekt.

Eine Sonderstellung nimmt in diesem Kontext eine "Bekenntnisliteratur" ein, in welcher der Delinquent als sich selbstanklagendes, seine Schuld bekennendes Individuum vorgeführt wird. Derartige Texte sind Ausdruck eines Interesses strafrechtlicher und religiöser Institutionen, den Straftäter zu einer öffentlichen Buße seines Vergehens zu zwingen. Die Funktion dieses Bekenntniszwanges verdeutlicht sich in der entscheidenden Rolle, die dem Delinquenten im Rahmen einer Hinrichtung zukam: Er musste in einer öffentlichen Abbitte seine eigene Schuld bekunden und damit überhaupt den ganzen Strafprozess legitimieren.[6] Kurz vor seinem persönlichen Tod wurde ihm die Möglichkeit eingeräumt bzw. von ihm erwartet, sich zu seinem Vergehen zu bekennen. Es handelt sich hierbei um Aufzeichnungen, die Straftäter kurz vor ihrer Hinrichtung im Kerker verfassten bzw. um mündliche Bekenntnisse, die der Delinquent auf dem Richtplatz an das anwesende Volk richtete und die nachträglich verschriftlicht wurden.

---

[5] Allein der Verlauf des Strafprozesses richtete sich nach einem umfangreichen Korpus unterschiedlicher Textsorten: Zur Formulierung eines bestimmten Strafmaßes war die Erstellung von *Protokollen* über den Verhörverlauf notwendig; verhörende Instanzen mussten sich nach standardisierten Textvorgaben richten, vorgefasste *Fragebögen* regelten schon im Voraus den Verlauf des Verhörs; von Fachkräften aus anderen Disziplinen wurden *Gutachten* über die Person des Straftäters erstellt. Nach der Festsetzung des Strafmaßes dienten *Flugzettel* der Ankündigung und Kommentierung der nahenden Strafausführung. Das angeklagte Individuum wurde auf der Grundlage von Texten geprüft und in Texten dokumentiert, um es anschließend einer Strafe zu unterwerfen, die wiederum über Texte im Volk verkündet wird. Selbst auf der eigentlichen Hinrichtungsstätte konnte eine Kommentierung der Strafe über Texte erfolgen, indem dem Delinquenten eine Schandtafel umgehängt oder neben der Strafstätte angebracht wurde. Auf ihr sollte das Volk dessen Verfehlung in Bild und Schrift "nachlesen" können. (Vgl. Richard van Dülmen: *Theater des Schreckens. Gerichtspraxis und Strafrituale in der frühen Neuzeit.* München 1988, S. 24ff., S. 73f.)

[6] Michel Foucault: *Überwachen und Strafen. Die Geburt des Gefängnisses.* Frankfurt a. M. 1994, S. 85

Die Wurzeln dieser öffentlich inszenierten Bekenntnisse reichen bis ins Frühchristentum zurück. Foucault verweist auf den öffentlichen Bußakt als eine "Selbsttechnik", eine "Technik der Selbstenthüllung" im Christentum der ersten Jahrhunderte.[7] Sie ermöglichte zum einen, sich von den eigenen Sünden reinzuwaschen und somit die in der Taufe erlangte Reinheit wiederzugewinnen, andererseits enthüllte sie den Menschen als sündiges Wesen. Jedoch war nicht die *Erklärung* der Sünden der eigentliche Kern dieser Selbstenthüllungen, der Mensch sollte sich vielmehr als Sünder *präsentieren*. Die Aufdeckung des sündigen Wesens war das zentrale Moment der öffentlichen Bußakte.[8]

Diese Form der Selbstdarstellung in einer frühchristlichen Heilsreligion wird in Strafdiskurse späterer Jahrhunderte aufgenommen und bildet selbst noch im 20. Jhr. eine wesentliche Konstituente strafrechtlicher und literarischer Texte. Anhand von Textbeispielen aus unterschiedlichen Zeitepochen soll im folgenden die jahrhundertealte Tradition strafender Instanzen verdeutlicht werden, Delinquenten als reuevolle und verwandelte Menschen einer Öffentlichkeit zu präsentieren.

1.1. "Bekenntnisgeschichten" des 18./19. Jhr.

Auffallend ist zunächst die Positionierung von "Bekenntnisgeschichten" in einen größeren Korpus aus Texten, die sich in Sprachstil und Darstellungsperspektive erheblich unterscheiden können, jedoch alle auf ein und dasselbe Moment referieren: die Biografie des Straftäters und dessen Hinrichtung. Anhand von zwei Beispielen soll diese Akkumulation von Texten veranschaulicht werden.

1827 erscheint in Berlin ein kleines Bändchen mit dem Titel *Lebens- und Bekehrungs-Geschichte des Doctors der Rechte F. D. ..., eines am 30. Septem-*

---

[7] Michel Foucault u. a.: *Technologien des Selbst*. Hrsg. von L. Martin, H. Gutman, P. Hutton. Frankfurt a. M. 1993, S. 51ff.

[8] Foucault gebraucht den Begriff "exomologesis" (= Anerkennung der Tatsachen), um diese Form der Selbstenthüllung zu beschreiben, den "dramatischen Ausdruck der Situation des Büßers als eines Sünders, der seinen Status als Sünder publik macht". (ebd. S. 61)
Foucault benennt für die Zeit des Frühchristentums drei Modelle, die dieses Verhältnis zwischen Sündentilgung und Selbstenthüllung formulieren: das ärztliche Modell (man muß die Wunden zeigen, wenn sie geheilt werden sollen), den Strafprozess (man stimmt den Richter milde, indem man das Vergehen zugibt) sowie das Modell des Todes, der Folter und des Martyriums (Hinnahme des Leidens und Todes statt Abschwörung des Glaubens). Letzteres Modell sei das wichtigste zur Erklärung der öffentlichen Selbstenthüllung: der Märtyrer als Vorbild für den Büßer, der sich einem freiwilligen Martyrium unterziehen muss, um wiederaufgenommen zu werden. Ziel der Buße ist nicht die Herstellung von Identität, sondern die demonstrative Abkehr vom Ich. (ebd. S. 55f.)

ber 1817 zu Aarwangen im Canton Bern hingerichteten Diebes und Mörders. Die im Titel erwähnte "Lebens- und Bekehrungsgeschichte" bildet allerdings nur einen Teil des Bändchens, um den sich eine Reihe weiterer Schriften gruppiert. Zunächst wird der Leser in einer "Vorrede" über die Publikationsgeschichte des Buches und allgemein über die betreffende Person des Straftäters unterrichtet. Der Verfasser dieses einleitenden Kapitels legitimiert seine Position mit dem Hinweis auf erfolgte "Absprachen" mit dem eigentlichen Delinquenten. Er gibt als erwünschten Erfolg der "actenmaeßigen Erzählung" an, "viel tausend glaeubige Herzen für die heilsame Lehre" zu gewinnen (S. XVI). Danach folgt die eigentliche "Bekenntnisgeschichte", die der Angeklagte selbst im Kerker kurz vor seiner Hinrichtung niedergeschrieben haben soll. Seine Absicht sei es gewesen, "bekannt zu machen, was ich gewesen bin, und den Abgrund, in den ich gefallen bin" (S. 1). Detailliert berichtet er von seinen Lastern und dem Weg in das eigentliche Verbrechen, der Ermordung eines Jünglings. Harte Selbstanklagen gehen einher mit tief religiösen Glaubensbekundungen. Im Anschluss daran werden Abschiedsbriefe präsentiert, die er an Verwandte, Freunde, die Eltern des Opfers und den Richter schrieb. Sie beinhalten die gleichen Schuldbekenntnisse und Befürwortungen einer harten Bestrafung, ebenso verhält es sich auch mit einer anschließenden Auswahl von Tagebuchaufzeichnungen aus seiner Kerkerhaft. Danach folgt ein Beitrag, der den Fall aus der Perspektive der offiziellen strafenden Instanz darstellt: Der Urteilstext wird gemeinsam mit einer kriminologischen Darstellung des Verbrechenshergangs abgedruckt, wobei der bisherige emotionale Sprachstil von einem sachlichen abgelöst wird. Daran schließt sich der Abdruck der Rede an, die der Delinquent vor dem versammelten Volk an seiner Richtstätte hielt. Sie ist wieder in einem sehr expressiven Ton formuliert. Den Schluss des Bändchens bilden weitere Berichte von Geistlichen, die den Delinquenten in seinen letzten Tagen begleitet und auf den Tod vorbereitet haben. Sie schildern den Verurteilten als einen bekehrten Menschen, der sich voller Ungeduld nach seiner Bestrafung sehnt.

Charakteristisch für das Bändchen ist eine heterogene Autorschaft. Einerseits kann der eigentliche Delinquent aufgrund seines hohen Bildungsniveaus als schreibender Gefangener auftreten, ihm stehen jedoch andererseits die gerichtlichen und kirchlichen Instanzen als weitere Textproduzenten gegenüber, deren Perspektive sich über ihren strafenden bzw. seelsorgerischen Auftrag bestimmt.

Zum Verfassen einer solchen "Bekenntnisgeschichte" war es nicht zwingend notwendig, dass der eigentliche Straftäter auch als Autor auftrat. Schriften dieser Art konnten ebenso aus einer fremdbestimmten Außenperspektive verfasst werden, zumal viele Delinquenten aus unteren Schichten stammten und nicht schreiben konnten. Ein Bändchen aus dem Jahre 1799 beschreibt die Geschichte eines Straftäters aus einer solchen Außenperspektive. Allein der umfangreiche Titel verweist auf die vom Verfasser intendierte Lehrfunktion des Textes: *Ausführliche Bekehrungsgeschichte des Philipp Luchs, eines Gauners, welcher den 10. Juni 1799 zu Sulz am Neckar durch den Strang hingerichtet wurde. Zugleich eine Religionsschrift für alle Liebhaber der Wahrheit, vorzüglich aber für Bürger in den Städten, und das Landvolk.* Alle Kapitel des Buches über die Lebensgeschichte, Wandlung und Hinrichtung des Verurteilten stammen von einem einzigen Autor namens Fridolin Huber, der sich als Doktor der Theologie und Gemeindepfarrer vorstellt. Seine Aufgabe sei die innere Vorbereitung des Straftäters auf die Todesstrafe gewesen. Huber betrachtete seine Zusammenkünfte mit dem Verurteilten als "Glaubensunterricht", den er als Musterbeispiel der Öffentlichkeit präsentieren wollte: "Konnte nun dieser Unterricht so mächtig auf diesen Jüngling wirken, warum sollte er nicht auch auf jeden anderen wirken können, der eben so große Ursache hat, als Philipp, sich zu bekehren? Sieh da, mein Leser! Die Ursache, die mich bewog, diese Schrift durch den Druck bekannt zu machen" (S. 7). Huber verbindet in seiner Schrift einen Religions- mit einem Strafdiskurs, indem er den Delinquenten in christliche Glaubensgrundsätze einführt und ihn gleichzeitig über die legitime Autorität der säkularen Strafgewalt belehrt. Der Erfolg seiner Einflussnahme zeigt sich in der "Einsicht" Philipps, dass er den Tod verdient habe und gipfelt in seiner Rede vor dem Volk, in der er seinen Glauben an die christliche Religion bezeugt.

Beiden angeführten Textbeispielen ist gemeinsam, dass der Wahrheitsgehalt der vorgeführten Bekenntnisse nicht eindeutig bestimmt werden kann. Die Frage, in welchem Maße sie den eigentlichen Willen des Verurteilten wiedergeben, bleibt unbeantwortet. Zu berücksichtigen ist, dass "Bekenntnisschriften" dieser Art zumeist *nach* dem Tod des "Bekennenden" von einer anderen Person herausgegeben wurden. Wie die angeführten Beispiele zeigen, verfolgten die Herausgeber mit ihrer Veröffentlichung bestimmte Absichten, was sich nicht zuletzt darin zeigt, wie sie die Aufzeichnungen des Verurteilten oder dessen verschriftlichte Hinrichtungsrede mit anderen Texten zu einem Korpus verbanden.

Foucault verweist darauf, dass fiktive "Bekenntnisreden" zur Abschreckung und zur Erbauung unter das gemeine Volk gebracht wurden. Er spricht in diesem Zusammenhang von einem "Schafottdiskurs" und bezeichnet diese "Literaturgattung" behelfsmäßig als "Letzte Worte eines Verurteilten"[9]. Die Justiz der damaligen Zeit bedurfte der Wahrheitsbekundung des Opfers, um sich dadurch vor der Öffentlichkeit zu legitimieren. Gedruckte Lebensläufe von hinzurichtenden Delinquenten mit detaillierten Beschreibungen ihrer Straftaten und der be-

[9] Vgl. Foucault, 1994, S. 85f.

vorstehenden Bestrafungsart, sogenannte "Fliegende Blätter", verkündeten die Rechtmäßigkeit des Ereignisses. Häufig wurden zu Propagandazwecken vor Prozeßbeginn Verbrechergeschichten veröffentlicht, weil man auf diese Weise einer zu milden Bestrafung vorbeugen wollte.[10]

Weigel sieht in der Literatur, welche die damalige Strafpraxis begleitete, keine Literatur der Betroffenen, weil auf sie nicht die "Doppelfunktion von schreibendem und delinquentem Subjekt" zutreffe.[11] Zwar kämen in vielen "Bekenntnisgeschichten" auch die eigentlichen Verurteilten zu Wort, jedoch nicht in authentischer und von ihnen selbst autorisierter Form, so dass sie nicht ohne weiteres als Primärquellen anzusehen seien. Sie schildern die Verbrechen und gleichzeitig die Wandlung des Täters, verbunden mit dem Aufruf, sich an diesem Fall ein warnendes Beispiel zu nehmen. Demnach ist diesen Texten ein ausgeprägter pädagogisch-didaktischer Zug zu eigen.

1.2. Der bekennende Delinquent als Autor im Strafvollzug des 20. Jhr.

Im 18. und 19. Jhr. war ein Großteil der Delinquenten des Schreibens noch nicht mächtig, eigenhändige Aufzeichnungen wie die *Lebens- und Bekehrungs-Geschichte des Doctors der Rechte F. D.* waren eher eine Seltenheit. Zumeist wurden die Texte von anderen Personen geschrieben, die den Strafprozess beobachteten oder in irgendeiner Form an ihm persönlich teilnahmen.

Im ersten Drittel des 20. Jhr. zeichnet sich die Tendenz ab, die *Bildung* der Häftlinge zu einem Hauptpostulat des Strafvollzugs zu erheben. Der ungebildete Delinquent sollte die Möglichkeit erhalten, eigene Ansichten über seine zu verbüßende Strafe darzustellen bzw. seine Lebensgeschichte niederzuschreiben. Der Häftling selbst tritt als Textproduzent in den Vordergrund. Diese Entwicklung trifft sowohl für den deutschen als auch den sowjetischen Strafvollzug zu und soll anhand einer Reihe von Quellen aus dieser Zeit belegt werden.

In der Abhandlung *Strafvollzug und Erziehung*, 1926 in Freiburg veröffentlicht, wird die Gefängnisschule als eine "Erziehungsschule" dargestellt, die Gefängnisbibliothek als "Hilfsmittel der Erziehung".[12] Der Häftling sollte dazu "herangebildet" werden, sich über ein vorgegebenes und kontrolliertes Bildungsangebot seiner Lebensverhältnisse bewusst zu werden und sich über diese

---

[10] Vgl. ebd.; vgl. auch Dülmen, 1988, S. 136f.
[11] Sigrid Weigel: *"Und selbst im Kerker frei ...!". Schreiben im Gefängnis; zur Theorie und Gattungsgeschichte der Gefängnisliteratur (1750-1933)*. Marburg/Lahn 1982, S. 29.
[12] Richard Gutfleisch: *Strafvollzug und Erziehung*. Freiburg i. Br. 1926, S. 55ff.

äußern zu können. Der Verschriftlichung von Bewusstseinsvorgängen kommt eine besondere pädagogische Bedeutung zu. Die strafende Instanz zielt auf eine disziplinierende Wirkung von Schreiben ab, der Delinquent soll sich durch das Verfassen von Texten selbst unter Kontrolle halten können. Häftlinge werden dazu angehalten, tagebuchartige Texte über ihr Gefängnisleben zu verfassen. In der Arbeit *Die Strafanstalt als Erziehungsanstalt* von 1929 wird es als wertvoll erachtet, "wenn allen denkenden Gefangenen von vornherein die Möglichkeit gegeben werden könnte, ihren Gedanken stete Form und Gehalt zu geben und packende Gedanken aus den Büchern der Anstaltsbibliothek oder wo sie sie sonst finden mögen, als Lesefrüchte in ein dafür bestimmtes Heft einzutragen ... Solche Arbeiten ... gewinnen auch dadurch eine außerordentliche Bedeutung, daß sie den Gefangenen bewahren, Schlechtes zu denken und zu planen. Ein erzieherischer Strafvollzug muß den Gefangenen auch Gelegenheit geben, in den langen, einsamen Stunden neue Gedanken zu fassen und dieselben schriftlich festzuhalten."[13]

In der Weimarer Republik waren die Bestände der Gefängnisbibliotheken noch auf eine möglichst umfassende, ideologieunabhängige Bildung des Gefangenen ausgerichtet, weshalb neben üblichen unterhaltenden, religiös-erbauenden und fachlich belehrenden Büchern durchaus auch sozialdemokratische Schriften gelesen werden durften.[14] Nach 1933 unterliegt die bisher praktizierte Bildungspolitik jedoch einer ideologischen Vereinnahmung durch die Nationalsozialisten: Gefangenenbibliotheken sollten nun das arische Bewusstsein des Häftlings fördern.[15] In deutschen Konzentrationslagern organisierte die Strafgewalt verschiedene Formen von aufgezwungener Literaturbenutzung. Lagerhäftlinge mussten zwangsweise nationalsozialistische Literatur rezipieren und sollten auf diese Art aktiv an ihrer eigenen politischen "Umerziehung" mitwirken.[16]

---

[13] Christian Mohr: *Die Strafanstalt als Erziehungsanstalt.* Celle 1929, S. 88f.

[14] Torsten Seela: *Entstehung und Entwicklung von Büchern in Konzentrationslagern*, S. 339 In: Zentralblatt für Bibliothekswesen. Heft 8, August 1988, S. 337-344.

[15] Z.B. schrieb die bayerische Dienst- und Vollzugsordnung vom 29. 7. 1933 vor: „Besonderer Wert wird auf Bücher und Schriften gelegt, aus denen dem Gefangenen eine hohe Auffassung von deutscher Art, deutschem Volk und deutschem Staat und von Recht und Sittlichkeit entgegentritt ... Bücher und Schriften undeutschen und die Volksgemeinschaft zersetzenden Inhalts sind ausgeschlossen.“ (Zitiert nach Seela, 1988, S. 339)

[16] Torsten Seela: *Bücher und Bibliotheken in nationalsozialistischen Konzentrationslagern. Das gedruckte Wort im antifaschistischen Widerstand der Häftlinge.* München, London, New York, Paris 1992, S. 34f.

Laut Seela mussten Textstellen aus Hitlers *Mein Kampf* vorgelesen werden und wurden von SA-Leuten kommentiert. Häftlinge mussten nationalsozialistische Zeitungen lesen. Im KZ Dachau wurde im Zuge einer antisemitischen Kampagne das Hetzblatt *Der Stürmer* in einem Schaukasten öffentlich ausgestellt.

Gleichzeitig förderte die Lagermacht den schreibenden Häftling, der mit seinen Texten das offizielle Lagerverständnis bestätigen sollte. Als Beispiel sind die offiziellen Lagerlieder zu nennen, die teilweise in Wettbewerben, teilweise unter Zwang von der Lagerleitung forciert wurden.[17] Aufgrund ihres von der Lager-SS fremdbestimmten Inhalts weisen sie wiederum Parallelen zu den weiter oben besprochenen Texten auf, die das permanente Interesse strafender Instanzen verdeutlichen, Texte über die von ihnen verhängten Strafen zu produzieren und die Strafe im Sinne der herrschenden Macht zu kommentieren.

Auch im sowjetischen Strafdiskurs dieser Zeit steht das lernende und schreibende Subjekt im Mittelpunkt. Dies wird anhand von zwei umfangreichen und aufwendig konzipierten Bänden über die sowjetische Strafpolitik deutlich, die im Jahre 1934 publiziert wurden. Beide Bände können aufgrund ihrer umfassenden Materialsammlungen (Fotografien, Gedichte von Häftlingen, Rechnungstabellen etc.), ihres großen Umfangs (über 400 Seiten) und der Vielzahl ihrer Autoren als "Prestigebände" der sowjetischen Strafpolitik dieser Zeit angesehen werden.

Das erste Buch mit dem Titel *Ot tjurem k vospitatel'nym učreždenijam* (*Von Gefängnissen zu Erziehungsanstalten*) ist als Sammelband konzipiert, der laut dem Herausgeber den Versuch darstelle, die Grundprinzipien der Organisation der Arbeitsbesserungsanstalten der Sowjetunion und eine Beurteilung ihrer Arbeit 16 Jahre nach der Proletarischen Revolution zu verdeutlichen.[18] 20 sowjetische Experten äußern sich in einer Reihe von Aufsätzen zu unterschiedlichen Bereichen in der sowjetischen Strafpolitik. Neben theoretisch-historischen Arbeiten zur Entwicklung des Strafsystems, Aufsätzen über das Anstaltsregime, die Arbeit mit jugendlichen Delinquenten oder inneren Leitungsstrukturen von Anstalten beinhaltet der Band auch mehrere Abhandlungen zur Bildungs- und Kulturarbeit mit Gefangenen.[19]

---

[17] Michael Moll: *Lyrik in einer entmenschlichten Welt. Interpretationsversuche zu deutschsprachigen Gedichten aus nationalsozialistischen Gefängnissen, Ghettos und KZ's*. Frankfurt 1988, S. 64f.

[18] *Ot tjurem k vospitatel'nym učreždenijam*. Sbornik statej pod obščej redakciej A. Ja. Vyšinskogo. Institut ugolovnoj i ispravitel'no-trudovoj politiki pri prokurature SSSR i NKJU RSFSR. Moskau 1934, S. 5.

[19] В. Музыкант: *Ликвидация неграмотности и малограмотности среди лишенных свободы* / Д. Стельмах: *Библиотечная работа в исправительно-трудовых учреждениях СССР* / Я. Гриневский: *Театр, музыка, пение, кино и радио в местах лишения свободы* / Д. Шестакова: *Печать в местах лишения свободы*
(W. Musykant: Die Ausmerzung des Analphabetentums und Halbanalphabetentums unter den Strafgefangenen. / D. Stel'mach: Die Bibliotheksarbeit in den Arbeitsbesserungsanstalten der

Die sowjetischen Strafstätten werden als Einrichtungen beschrieben, die sich durch eine rege kulturelle Aktivität unterschiedlichster Art auszeichnen. In jedem Gefängnis oder Lager werde dem Delinquenten die Möglichkeit eröffnet, sich schreibend zu engagieren:

"В СССР нет ни одного места лишения свободы, в котором бы не издавалось своей газеты для лишенных свободы." (258)

„In der UdSSR gibt es keine Haftanstalt, in der nicht eine eigene Zeitung für die Häftlinge herausgegeben wird."

Verschiedene Gefangenenzeitschriften mit genauen Angaben zu inhaltlichen Aspekten, Auflagengröße etc. dienen als Beispiele für die erfolgreiche kulturelle Förderung der Gefangenen, die teilweise erst in den Haftanstalten Lesen und Schreiben lernten.

(Ot tjurem k vospitatel'nym učreždenijam, S. 272a)

УССР. Харьковская промколония. Стенгазеты лишенных свободы, представленные на конкурс печати

USSR. Char'kover Arbeitskolonie. Die Wandzeitungen der Häftlinge wurden für den Pressewettbewerb eingesandt.

UdSSR / J. Grinevskij: Theater, Musik, Gesang, Film und Hörfunk im Strafvollzug / D. Šestakowa: Die Presse im Strafvollzug)

(Ot tjurem k vospitatel'nym učreždenijam, S. 280d)

Stimme des Häftlings

Der Häftling

Gedanke des Häftlings

Der Pfeil

Das Häftlingsleben

Der Häftling

Gedanken hinter Gittern

(Ot tjurem k vospitatel'nym učreždenijam, S. 144a)

РСФСР. Владикавказская фабрично-трудовая колония. Индивидуальное обучение грамоте в камере

RSFSR. Fabrik- und Arbeitslager in Vladikavkaz. Einzelunterricht in Lesen und Schreiben in der Zelle.

Häftlinge nehmen sogar an "Schreibwettbewerben" teil: Schiedskommissionen honorieren die besten Gefangenenzeitungen des Landes mit Auszeichnungen.[20] Ausgewählte Gedichte von "Gefängnis-Poeten" ("тюремные поэты" /281/) verdeutlichen die forcierte Rolle des Gefangenen als schreibendes Subjekt. Die Gedichte beinhalten Motive der Einsamkeit und Zerrissenheit der Inhaftierten und gleichzeitig ihr *Bekenntnis*, ihren alten, "schädlichen" Lebensstil zu beenden und sich dem Aufbau des Landes anzuschließen. Häufig sind sie in einem propagandistischen Sprachstil verfasst.

Auffallend sind in diesem Zusammenhang die inhaltlich-konzeptuellen Parallelen zu den weiter oben vorgestellten Textsammlungen aus dem 18./19. Jhr. In seiner Rede auf der Richtstätte beteuert der verurteile Philipp dem Volk:

> „Und nun dank′ ich euch allesamt vilmal für alle Gutthaten, die ihr mir erwisen - auch der Obrigkeit für die gnädige Straf. ... Ich bereue meine Sünden, und ist mir sehr leid dafür - aber ich weiß gwis, daß mir Gott alle um Christi willen vorgiebt, und mich gnädig annehmen wird.“[21]

In *Ot tjurem k vospitatelnym učreždenijam* wird das Gedicht eines Straftäters mit dem Titel *Moja žizn'* (*Mein Leben*) präsentiert, das mit den folgenden Worten endet:

Я не виню ни в чем «судьбу»,
Не прикрываю громким словом
Ночлежек грязь, тюрьмы сумбур
И корки хлеба по столовым.
Что крал я, нечего считать,
Блатная жизнь украла годы,
Но их сумею наверстать
В советской стройке,
Новью гордый! [22]

Mein „Schicksal“ klage ich nicht an,
Verdecke nicht mit lauten Worten
den Schmutz im Nachtasyl,
das Wirrwarr im Gefängnis
und nicht die Krusten Brot im Essensraum.
Was ich gestohlen, lohnt nicht aufzuzählen,
Das Diebesleben hat die Jahre mir gestohlen
Jedoch kann ich sie wieder aufholen
Beim Aufbau der Sowjetunion,
Mit neuem Stolz!

In beiden Texten bekennen die Straftäter ihre sündhafte bzw. verbrecherische Vergangenheit und hoffen auf ein neues Leben in Gemeinschaft mit Gott bzw. der sozialistischen Gesellschaft. Beide Bekenntnisse sind in einen größeren Korpus von Texten innerhalb eines Strafdiskurses eingebettet. Der Rede von

---

[20] ebd. S. 260.
[21] *Ausführliche Bekehrungsgeschichte des Philipp Luchs,* 1799, S. 137
[22] *Ot tjurem k vospitatel'nym učreždenijam* 1934, S. 295

Philipp gehen Aufsätze des Herausgebers über dessen Verbrechen, Umwandlung und Strafmaß voraus. Das Gedicht des sowjetischen Häftlings wird von dem Verfasser des betreffenden Kapitels kommentiert, welches wiederum innerhalb einer Ansammlung weiterer Schriften über die sowjetische Strafpraxis positioniert ist.

Auch der im selben Jahr veröffentlichte Kollektivband *Belomorkanal* nimmt diese "Tradition des bekennenden Delinquenten" auf. Das Buch schildert die Wandlung von bildungslosen Häftlingen zu ausgebildeten Fachkräften. Die Häftlinge, zunächst unfähig zur Versprachlichung ihrer Gedanken und Empfindungen[23], werden im Lager aufgrund umfassender Maßnahmen gegen das Analphabetentum zu schreibenden Subjekten gewandelt. Erst diese können die von offizieller Seite gewünschten bzw. geforderten Texte produzieren: Tausende von Insassen arbeiten an der Lagerzeitung *Perekovka* (*Umschmiedung*) mit.[24]

(Belomorkanal, S. 312) UMSCHMIEDUNG

Не подлежит распр. за пределы лагерей

ПЕРЕКОВКА

НА ФРОНТЕ СТРОИТЕЛЬСТВА 7 БОЕУЧАСТКА

Производственный бюллетень 7 боевого участка Белбалтлаг ОГПУ. Выходит ежедневно. Орган КВЧ

15 мая 1933 г. № 72

ПОРА КОНЧАТЬ РАБОТЫ!
С этим железным решением выходите на канал и добирайте остатки скалы и грунтов вчистую!
(Из приказа за № 59)

Каждый день затяжки работ позорит честь ударников Краснознаменного севера.

Все, как один, от прораба до землекопа — на штурм, чтобы 17-го мая рапортовать: Сосновец и Шижня готовы пропустить воду!

Jeder Tag Verzögerung beschmutzt die Ehre der Bestarbeiter des Rotbannernordens.

Alle wie einer – vom Vorarbeiter bis zum Schipper – heraus zur Attacke, damit am 17. Mai der Rapport lautet: Sosnovec und Šižnja sind zum Wasserdurchlauf bereit!

---

23 " ... им не хватает запаса слов, достаточного для оформления разнообразных и сложных процессов «перековки» их чувств, мыслей, привычек." (13)

„ ... ihnen fehlen die Worte, um die unterschiedlichen und komplizierten Prozesse bei der ‚Umschmiedung' ihrer Gefühle, Gedanken und Gewohnheiten auszudrücken."

24 Auf späteren sowjetischen Großbaustellen erhöht sich noch die Anzahl der Zeitungen und der an ihnen beteiligten Häftlinge. Während des Baus des Moskau-Wolga-Kanals erscheinen Gefangenenzeitungen für Häftlinge anderer Nationalitäten (*Канал Зарбдары*), für weibliche Häftlinge (*Каналоармейка* [Kanalsoldatin]), für Gefangene mit niedrigem Bildungsniveau (*Долой неграмотность* [Fort mit dem Analphabetismus]). Vgl. NKVD SSSR: *Kanal Moskva-Volga. Spravočnye dannye*. Dmitrov 1936, S. 169ff.

(Belomorkanal, S. 258)

Изучают новый латинский шрифт

Man lernt die neue lateinische Schrift.

Bekämpfung des Analphabetentums im BelBaltLag der OGPU

(Belomorkanal, S. 225) Anzahl der Schüler Anzahl der Schulen

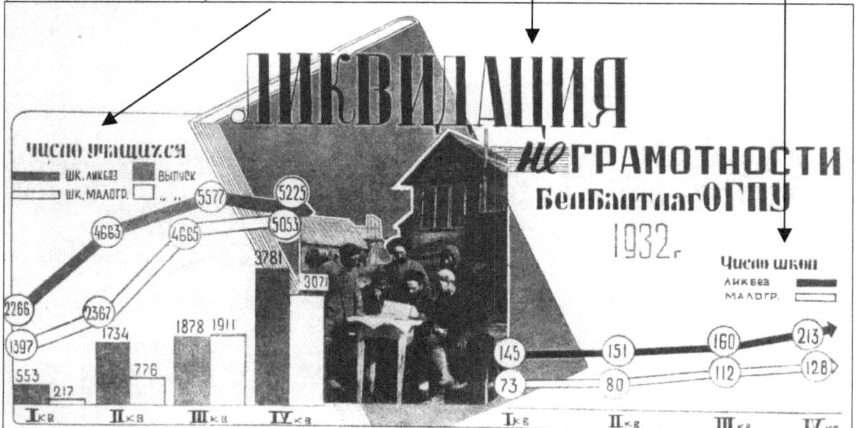

Die Berufsschule entlässt 3.990 Absolventen.

(Belomorkanal, S. 229)

Bibliotheksarbeit auf dem Bau

mobile Bibliotheken

Leser

(Belomorkanal, S. 231)

In einer Szene des Bandes *Belomorkanal* geht ein Häftling auf einen Vertreter der Lagerleitung mit folgenden Worten zu:

"Я конечно враг советской власти: крал у колхоза зерно. Чем я могу тебе отплатить? Вот мои руки, вот весь я. Скажи только—и знамя наше." (286)

„Natürlich bin ich ein Feind der Sowjetmacht: ich habe Korn aus dem Kolchos gestohlen. Wie kann ich das wiedergutmachen? Hier hast du meine Hände, hier hast du mich. Ein Wort von dir und das Banner wird unser."

Über eine andere Gefangene wird berichtet:

"Ощущением вины была раздавлена и Наталья Евгеньевна. ...Через некоторое время она оправилась и на двух десятках страниц изложила свою вину и начертила схему всей вредительской организации." (350)

„Auch Natal'ja Jewgen'evna wurde vom Schuldgefühl erdrückt. ...Nachdem sie nach einer Weile wieder zu sich gekommen war, schrieb sie auf zwei Dutzend Seiten nieder, worin ihre Schuld bestand und zeichnete den gesamten Aufbau der volksfeindlichen Organisation auf."

Diese Beispiele verdeutlichen das Ziel des Lagers, den bekennenden Delinquenten zu produzieren. Er soll seine "sündige" Vergangenheit niederschreiben und gleichzeitig tiefe Glücksempfindungen über sein neues Leben äußern, welches ihm die strafende Instanz bestimmt hat.[25]

---

[25] Laut Aleksandr Avdeenko hegten verschiedene Autoren von *Belomorkanal* ein gesondertes Interesse für Bekenntnisse dieser Art:

"Агапов, Габрилович, Шкловский, Славин, Корабельников, Диковский, имеющие сноровку газетчиков, успели записать несколько исповедей бывших воров и проституток. Самые удивительные ходят по рукам писателей." (Aleksandr Avdeenko: *Otlučenie*, S. 16. In: Znamja, 3 / 1989, S. 5-73.)

„Agapow, Gabrilovič, Šklovskij, Slavin, Korabel'nikov, Dikovskij, die schon Übung als Zeitungsreporter hatten, schrieben schnell einige Beichten ehemaliger Diebe und Prostituierten mit. Die ungewöhnlichsten gehen bei den Schriftstellern von Hand zu Hand."

Vgl. ferner Nr. 12 (1933) der illustrierten Monatszeitschrift *USSR im Bau*, die dem Bau des Weißmeerkanals gewidmet wurde. Ein Bildkommentar lautet: „In einer Zeit von 20 Monaten wurden ca. 20000 qualifizierte Arbeiter 40 verschiedener Berufe und Spezialitäten ausgebildet. Das sind alles frühere Diebe, Räuber, Kulaken, Schädlinge, Mörder. Sie alle lernten hier zum ersten Mal die Poesie der Arbeit, die Romantik des Aufbaus kennen." (ohne Seitenangaben) Eine ganze Seite der Zeitschrift wurde ausschließlich mit Bekenntnissen und Porträtaufnahmen der jeweiligen „bekennenden" Delinquenten gestaltet.

Sowohl die beiden "Bekenntnisschriften" aus dem 18./19. Jhr. als auch die sowjetischen Texte *Ot tjurem k vospitatel'nym učreždenijam* und *Belomorkanal* des 20. Jhr. führen den bekennenden Delinquenten vor. Alle vier Texte kommentieren die Ausübung von Strafe im Sinne der jeweiligen Strafgewalt. Die monarchische Macht versucht das Volk von der Legitimität der Hinrichtung zu überzeugen. Sie wird hierbei von einer kirchlichen Macht unterstützt, welche die Buße des Straftäters für sein sündhaftes Leben und damit gleichzeitig seine Einwilligung in die säkulare Bestrafung fordert. Dem Verurteilten wird ein zukünftiges Leben in Gemeinschaft mit Gott in Aussicht gestellt. Die Sowjetmacht demonstriert mit den oben vorgestellten Prestigebänden die Rechtmäßigkeit der sowjetischen Strafpraxis, im besonderen der Lagerstrafe. Den Lagerinsassen wird eine glückliche Zukunft als vollwertige Bürger des sozialistischen Staates versprochen.

Eine möglichst breite Rezeption der Texte soll durch eine klare, verständliche Präsentation derselben erzielt werden, weshalb der Band *Belomorkanal* in einem propagandistischen, erklärenden Sprachstil verfasst ist und zahlreiche Abbildungen zur plakativen Verdeutlichung des Inhalts aufweist. Auch der Herausgeber von *Ausführliche Bekehrungsgeschichte des Philipp Luchs* betont mehrmals seine Absicht, das *breite* Volk als Rezipient zu gewinnen:

> „Noch einmal! diese Bekehrungsgeschichte ist für den Gemeinen geschrieben. Man erwarte also keine erhabene Schreibart, keine zierlichen Ausdrücke, keine künstliche Wendungen, die nur der Gebildete verstehn kann. Dies wäre ja gerade meinem Zwek entgegen!" (S. 8)

In *Belomorkanal* stilisieren die Vertreter der Macht sich selbst als Personen, die als einzige in der Lage waren, diesen Mechanismus der Bekenntnisproduktion zu durchbrechen:

"Как-то один из чекистов говорил о вредителях: Все спрашивают, все интересуются, почему вредители сразу сознавались и раскрывали организацию. Мы тоже в свое время сидели в тюрьмах, нас тоже допрашивали, но мы же не сознавались, не раскрывали... Ясно— почему. У нас была идея, цель, мы видели, что будет впереди. Уходя на каторгу, мы были уверены, что царизм падет." (350)

„Einer der Tschekisten fing an, von den Volksfeinden zu erzählen: Alle fragen und wollen wissen, warum die Volksfeinde sich gleich bekannten und ihre Strukturen aufdeckten. Wir saßen doch auch seinerzeit im Gefängnis, wurden verhört, aber wir haben nichts zugegeben, nichts verraten... Klar, warum nicht. Wir hatten eine Idee, ein Ziel, wir blickten in die Zukunft. Noch auf dem Weg in die Verbannung waren wir davon überzeugt, dass der Zarismus gestürzt würde."

2. "Opferliteratur" als Reaktion auf Strafwillkür

Der Tradition der "Bekenntnisliteratur", die die Selbstbeschuldigung des zu strafenden Subjekts vorführt, steht eine literarische Tradition gegenüber, für die bisher noch kein einheitlicher Gattungsbegriff existiert. Im weitesten Sinn handelt es sich hierbei um eine "Opferliteratur", zu der Texte gerechnet werden müssen, die Ausdruck des Bewältigungsversuchs einer als Willkür empfundenen Strafe sind.

Der Ursprung dieser literarischen Tradition ist bereits im hellenistischen Zeitalter anzusiedeln. Abermals sei in diesem Zusammenhang auf Foucault verwiesen, der das "Schreiben über sich selbst" als eine Form der "stoischen Selbsttechnik" bezeichnet.[26] Im Hellenismus avancierte der sokratische Begriff der "Sorge um sich selbst" zu einem universellen philosophischen Thema, es entwickelte sich eine "Kultur der Sorge um sich selbst", in der das reflektierende Schreiben über sein eigenes Leben einen hohen Stellenwert einnahm. Aufzeichnungen über das Selbst in Form von Tagebüchern, Abhandlungen oder Briefen dienten als Speicherung einer Wahrheit, auf die stets zurückgegriffen werden konnte. Der Akt des Schreibens über sich selbst bewirkte eine Intensivierung und Erweiterung der Selbsterfahrung, eine "Allianz zwischen Schreiben und Wachsamkeit" bildete sich aus, die Nuancen der persönlichen Stimmung und generell des alltäglichen Lebens einfing.[27] Opfer von willkürlicher Strafverfolgung setzen diesen Diskurs des Selbst fort, wenn sie eigene Erfahrungen ihres zumeist "beschädigten" Selbst in Texten festzuhalten suchen. Ihre Texte sind Ausdruck der Selbstreflexion eines "verstümmelten Ichs", einer versuchten sprachlichen "Ich-Vergewisserung" angesichts einer als Unrecht empfundenen Bestrafung.[28]

Reiter bezieht sich in ihrer Untersuchung von Berichten ehemaliger KZ-Insassen auf die These von der therapeutischen Wirkung von Literatur, die sich auf den von Aristoteles formulierten Katharsisbegriff des Schreibprozesses zurückführen lasse.[29] Reiter liest diese Texte als Zeugnisse individueller Erfahrungsverarbeitung. Indem Lagerhäftlinge in der Darstellung ihrer jüngsten Lebenserfahrung auf das autobiografische Genre zurückgriffen, verpflichteten sie

---

[26] Foucault, 1993, S. 33ff, S. 45

[27] ebd. S. 38

[28] Vgl. Moll, 1988, S. 64

[29] Andrea Reiter: *"Auf dass sie entsteigen der Dunkelheit". Die literarische Bewältigung von KZ-Erfahrungen.* Wien 1995, S.10, S. 231ff.

sich einer bis ins Mittelalter zurückreichenden Tradition des Diskurses über die eigene Person.

In der Literaturwissenschaft fanden Texte von (ehemaligen) Inhaftierten bislang keine große Beachtung.[30] Begriffe wie "Gefängnis-", "Gefangenen-" oder "Lagerliteratur" stellen erste Versuche für eine gattungsspezifische Einordnung dar. Weigel zufolge konstituiert sich Gefängnisliteratur "durch *die Doppelrolle des Autors als Schreibsubjekt und als Objekt der Bestrafungsinstanz und -methoden*", Gefängnisliteratur sei Erfahrungsliteratur, "Texte, die von Gefangenen selbst geschrieben wurden, sei es während der Haft oder in Erinnerung daran...."[31] Das bestrafte Subjekt setzt sich während oder nach der Haft mit seiner eigenen Biografie auseinander, indem es sie versprachlicht.

Da in der Analyse der vorliegenden Arbeit literarische Darstellungen von Lagerhaft im Mittelpunkt stehen werden, beschränken sich die folgenden Ausführungen über den Zusammenhang von Schreiben und Gefangenschaft auf die Situation von *Lager*insassen und die von ihnen produzierten Texte.

Dem Akt des Schreibens in oder nach einem Lageraufenthalt kommen zwei wesentliche Funktionen zu: die eigene Verarbeitung von zumeist traumatischen Erfahrungen und das Bezeugen des erlittenen Unrechts für die Nachwelt. Schreiben ist als ein Versuch zu werten, erniedrigtes und versäumtes Leben literarisch zu kompensieren.[32] Eine Kompensation für mangelnde Lebenserfahrung im Alltagsleben zeigt sich schon in dem hohen Stellenwert des Erzählaktes unter Gefangenen. Scherbakova verdeutlicht nach ihrer Analyse von Lebenserinnerungen ehemaliger Gulag-Häftlinge, dass der Austausch von Lebensgeschichten untereinander ein Durchleben mehrerer Leben "von außen" ermögliche, weshalb praktisch auch in jedem Lebensbericht mehrere fremde Lebensgeschichten einbezogen würden. Über diesen Erzählakt versuchten Häftlinge ihr durch die Haft-

---

[30] Weigel weist in ihrer Arbeit von 1982 darauf hin, dass sich die Literaturwissenschaft der Gefängnisliteratur bisher kaum angenommen habe, folglich eine umfassende, systematische Behandlung noch ausstehe. (Weigel, 1982, S. 9)

Auch Eberhardt betont diesen Mangel. Er sieht in dem Desinteresse der Literaturwissenschaft u.a. den Beleg für die Randständigkeit des Themas Gefängnis im historischen Maßstab und in verschiedenen Wissenschaftsdisziplinen. (Andreas Eberhardt: *Verschwiegene Jahre. Biographische Erzählungen von Gefangenschaft und dem Leben danach.* Berlin 1998, S. 36f)

Reiter bestätigt eine mangelnde literaturwissenschaftliche Aufarbeitung von Erinnerungsberichten ehemaliger Lagerhäftlinge. (Reiter, 1995, S. 11)

[31] Weigel, 1982, S. 18 (Hrvg. i. Orig.).

[32] Reiter, 1995, S. 9

strafe eingeschränktes emotionales Gefühlsleben auszugleichen.[33] Eine ähnliche Funktion von Erzählen lässt sich auch in bezug auf Überlebende deutscher Konzentrationslager feststellen: Im Lager erhofften sich Gefangene dadurch eine zeitweilige Flucht aus der Lagerrealität, nach dem Lager eine psychische Bewältigung des Erlebten, eine Art Katharsis.[34]

Da es in den meisten Lagern verboten war zu schreiben, wurde während der eigentlichen Haftzeit vorwiegend auf Textgattungen zurückgegriffen, die sich durch einen geringen Umfang auszeichnen (Briefe, Tagebücher, Gedicht- und Aphorismenbändchen), Lyrik ist als die dominierende Literaturgattung im Lager anzusehen.[35] Schreibend unternahmen Häftlinge den Versuch, ihre im Lageralltag beschädigte Identität wiederherzustellen und dadurch eine private Autonomie zu bewahren. Im Schreibakt übten sie ihren persönlichen Widerstand gegen die ihnen aufgezwungenen Lebensverhältnisse aus.[36] Häftlinge ermöglichten sich zumindest auf geistiger Ebene den Rückzug in ein "inneres Exil".[37] Solženicyn charakterisiert seine persönliche Schreiberfahrung im Lager als eine Art Trancezustand, als "Traum" oder auch als "Flucht":

"Так я писал. Зимой—в обогревалке, весной и летом — на лесах, на самой каменной кладке ... *Я жил как во сне*, в столовой сидел над священной баландой и не всегда чувствовал ее вкус, не слышал окружающих ... Меня обыскивали, считали, гнали в колонне по степи,—а я видел сцену моей пьесы, цвет занавесов, расположение

---

[33] Irina Scherbakova: *Erinnerung und die Strategie des kollektiven und individuellen Überlebens im GULag*, S. 83. In: Robert Streibel / Hans Schafranek (Hrsg.): *Strategie des Überlebens. Häftlingsgesellschafften in KZ und GULAG*. Wien 1996, S. 72-91.
Vgl. die Aussage einer zu zehn Jahren Gefängnishaft verurteilten Frau im Jahre 1937: »Als man uns im Gefängnis von Jaroslawl auf die Zellen aufgeteilt hat, bat ich darum, nicht zu R., sondern zu T. kommen zu dürfen, weil ich mit R. schon mehrere Monate zusammen in einer Zelle verbracht hatte und alles über sie wußte. Ich wollte jetzt mit jemandem Neuen zusammensein." (ebd.)

[34] Reiter, 1995, S. 157

[35] Vgl. zu deutschen Lagern Moll, 1988, S. 9; zu sowjetischen Lagern Aleksandr Solženicyn: *Archipelag Gulag*. Moskau 1991, Bd. 2, S. 406f.

Vgl. ferner die von Solženicyn erläuterte Mnemotechnik, mit deren Hilfe er Prosa in seinem Gedächtnis speicherte und damit auf eine Niederschrift derselben im Lager verzichten konnte. (ders., 1991, Bd. 3, S. 96ff)

Varlam Šalamov schrieb während seiner Haftzeit ausschließlich Gedichte, der Erzählzyklus *Kolymskie rasskazy* entstand erst nach seiner Entlassung.

[36] Moll, 1988, S. 67f.

[37] H. G. Adler: *Dichtung in der Gefangenschaft als inneres Exil*, S. 23. In: Bernd Engelmann (Hrsg.): *Literatur des Exils*. München 1981, S. 18-28. Adler sieht im "künstlerischen Gestalten" seiner Erlebnisse den eigentlichen Grund für das physische und moralische Überdauern seiner 32-monatigen Haft in Theresienstadt. (26)

мебели, световые пятна софитов, каждый переход актера. Ребята рвали колючку автомашиной, подлезали под нее, в буран переходили по сугробу, — а для меня проволоки как не было, я все время был *в своем долгом далеком побеге*, но надзор не мог этого обнаружить, пересчитывая головы."[38] (Hrvg. S. P.)

„So schrieb ich. Im Winter im Wärmeraum, im Frühjahr und Sommer auf dem Baugerüst, beim Mauern ... *Ich lebte wie im Traum*. In der Kantine, wenn ich über der heiligen Lagersuppe saß, geschah es oft, dass ich ihren Geschmack nicht spürte und die Menschen um mich nicht hörte ... Ich wurde gefilzt, ich wurde gezählt, ich wurde in der Kolonne durch die Steppe getrieben – doch vor meinen Augen war die Bühne, auf der mein Stück abrollte, ich sah die Farbe der Vorhänge, die Anordnung der Möbel, die Lichtflecken der Soffitten, jeden Schritt der Schauspieler. Meine Kameraden durchbrachen den Stacheldraht mit Autos, krochen unter ihm durch, stiegen über ihn drüber, wenn er im Schneesturm zugeweht war – ich lebte, als ob es keinen Stacheldraht gäbe, *ich war immer auf der Flucht, auf einer weiten und langen Flucht*, die die Aufseher nicht entdeckten, wenn sie die Köpfe zählten."[39] (Hrvg. S.P.)

Häufig versuchten Gefangene angesichts präsenter Todesgefahr auch, mit ihren Texten wenigstens eine Erinnerung an sich selbst und ihre Mitgefangenen zu schaffen.[40]

Überlebende erhoffen sich mittels ihrer Texte neben einer persönlichen psychischen Bewältigung eine Aufklärung von Außenstehenden über ihre erlittene Vergangenheit. Ehemalige Häftlinge sprechen von einem "inneren Zwang, Zeugnis abzulegen", um den Opfern nachträglich eine Stimme zu leihen und die Um- bzw. Nachwelt zur Reflexion über das geschehene Unrecht zu bewegen.[41]

Diese beiden Funktionen von Schreiben, individuelle Erfahrungsverarbeitung sowie Aufklärung, bestimmen auch Varlam Šalamovs Schreibmotivation. Sein Erzählzyklus *Kolymskie rasskazy* entstand im Rückblick auf einen jahrzehntelangen Freiheitsentzug in Kolyma. Šalamov musste mit einer tiefen Traumatisierung als Folge der durchlittenen Haft kämpfen und litt an dem Kräfteverlust, den die Verarbeitung dieses Traumas zur Folge hatte:

---

[38] Solženicyn, 1991, Bd. 3, S. 100f.
[39] Übers. von E. Walter. In: Alexander Solschenizyn: *Der Archipel GULAG*. Bd. 3. Bern 1976, S. 107.
[40] Vgl. Moll, 1988, S. 52. Ebenso Reiter, 1994, S. 67.
[41] Vgl. Bruno Bettelheim: *Erziehung zum Überleben. Zur Psychologie der Extremsituation.* München 1985, S. 23. Ebenso Reiter, 1995, S. 160, 172.

"Автор считает лагерь отрицательным опытом для человека—отрицательным с первого до последнего часа—и жалеет, что собственные силы вынужден направить на преодоление именно этого материала.".[42]

„Der Autor hält die Lagererlebnisse für eine negative menschliche Erfahrung, negativ von der ersten bis zur letzten Stunde, und er bedauert, dass er seine gesamte Kraft darauf richten muss, ausgerechnet diese Erfahrung zu verarbeiten.“

Gleichzeitig sah er es als seine persönliche Pflicht an, dem russischen Leser in seinen Texten die Realität der stalinistischen Lager vor Augen zu führen:

"Разве у меня нет нравственного права написать о смерти Мандельштама? Это—долг мой."[43]

"Ведь в каждой семье, и в деревне и в городе, среди интеллигенции, рабочих и крестьян, были люди, или родственники, или знакомые, которые погибли в заключении. Это и есть тот русский читатель - да и не только русский - который ждет от нас ответа."[44]

„Habe ich etwa nicht das moralische Recht, über Mandel'štams Tod zu schreiben? Das ist meine Pflicht.“

„So findet man doch in jeder Familie - sowohl auf dem Dorf als auch in der Stadt, unter den Intellektuellen, Arbeitern und Bauern - Verwandte oder Bekannte, die in der Gefangenschaft umkamen. Das ist genau jener russische Leser, und nicht nur der russische, der von uns eine Antwort erwartet.“

---

[42] Varlam Šalamov: *O proze*, S. 367f. In: ders.: Sobranie sočinenij, Bd. 4. Moskau 1998.
Vgl. ebenso den Brief von V. T. Šalamov an F. A. Vigdorova vom 16.6.1964:

"Опыт лагерной жизни — весь отрицательный. Даже день, даже час не надо там быть. Я видел много такого, чего человек не должен, не имеет права видеть. Душевные травмы — непоправимы. Душевные «обморожения» — необратимы." (In: ders.: *Iz perepiski*. In: Znamja, 5 / 1993, S.133.)

„Das Lagerleben ist eine absolut negative Erfahrung. Nicht einen Tag, nicht eine Stunde sollte man dort verbringen. Viel von dem, was ein Mensch nicht sehen sollte, worauf er kein Recht hat, habe ich gesehen. Die seelischen Traumata sind nicht mehr heilbar. Die seelischen "Erfrierungen" sind nicht mehr rückgängig zu machen.“

Zu Šalamovs Versuch, mittels der Versprachlichung seiner Erlebnisse dieselben zu verarbeiten, vgl. ferner das Kap.5.1. der vorliegenden Arbeit.

[43] Šalamov, *O proze*, 1998, S. 364.

[44] ebd. S. 362

Kapitel 2: Traditionen verschiedener Strafmodelle in der sowjetischen Strafpolitik

1. Strafmodelle von der frühen Neuzeit bis zum 20. Jhr.

In *Überwachen und Strafen* beschreibt Foucault die Genealogie des Strafsystems von der frühen Neuzeit bis ins 20. Jhr., die drei verschiedene Modalitäten der Ausübung von Strafgewalt beinhaltet. Jedes dieser drei Modelle der Organisation von Strafgewalt setzt den Straftäter in einen anderen Bezug zur herrschenden Macht bzw. zur Gesellschaft. Es wäre falsch, sich diese Modelle als statische Komplexe vorzustellen, sie stehen vielmehr in einer dynamischen Beziehung, entwickeln sich chronologisch und bestehen trotzdem phasenweise noch in einer zeitlichen Parallele nebeneinander. Diese drei Typen von Strafgewalt sollen hier kurz vorgestellt werden. Daran anschließend soll untersucht werden, inwieweit Traditionen aus den verschiedenen Modellen in der Strafkultur der Sowjetunion wiederzufinden sind bzw. zusammengefasst werden.

1.1. Frühe Neuzeit: Die "peinlichen" Strafen als Ausdruck monarchischer Rache[45]

In der frühen Neuzeit ist die Strafe noch unmittelbar auf den Körper des Delinquenten gerichtet. Dieser wird gequält, um Schuldbekenntnisse zu erlangen, danach vor dem Volk ausgestellt und gemartert, um die Macht des Souveräns zu erneuern. Strafe und Folter bilden einen engen Zusammenhang, weshalb auch von der "peinlichen Strafe" gesprochen wird. Im monarchischen Recht greift der Straftäter mit seinem Verbrechen über sein unmittelbares Opfer auch den Souverän an. Indem er das Gesetz bricht, verletzt er auch die Autorität des Königs oder Fürsten. Daher wird die Bestrafung zu einem politischen Ritual, einer Zeremonie, in der sich die Macht manifestiert. Diese bemächtigt sich mittels ihrer Beauftragten (Richter, Folterknechte etc.) des Körpers des Verurteilten. Das Strafverfahren selbst bleibt geheim, sogar dem eigentlichen Delinquenten wird der Einblick in das Verfahren verwehrt. Wissen ist ein absolutes Privileg der Macht, die Feststellung der Wahrheit das absolute Recht und die ausschließliche Gewalt der Richter und des Souveräns. Innerhalb des Verfahrens ist der geständige Verbrecher von entscheidender Bedeutung. Mit dem Geständnis verbürgt sich der Angeklagte für das Verfahren, er bestätigt die Wahrheit der Untersu-

[45] Vgl. Foucault, 1994, S. 44ff.

chung. Das Geständnis vervollständigt die geheimen Akten einer geheimen Ermittlung. Allerdings ist die geheime Strafuntersuchung keine willkürliche Quälerei, sondern in der peniblen schriftlichen Konstruktion von Beweisen strengen Regeln unterworfen. Die Marter wird zum Wahrheitsbeweis und Machtvollzug. Sie verbindet das Schriftliche mit dem Mündlichen, das Geheime mit dem Öffentlichen, das Untersuchungsverfahren mit der Geständnisablegung.

Nach dem geheimen Verfahren wird der Körper öffentlich vorgeführt, an ihm muss der Akt der Justiz für alle sichtbar werden. Der Körper wird zum Ort der monarchischen Rache, welche die demonstrative Peinigung des Delinquenten beansprucht. Die Wahrheit wird in der öffentlichen Vollstreckung der Strafen demonstriert, in einem karnevalesk anmutenden öffentlichen Schauspiel wird der Verbrecher bestraft bzw. vernichtet.

Das Volk spielt als Rezipient der Bestrafung eine wesentliche Rolle. Seine unmittelbare Gegenwart ist zur Durchführung der Strafe erforderlich. Die Menschen sollen mit eigenen Augen die Bestrafung sehen, ihr Gedächtnis soll die Erinnerung an den gequälten Körper bewahren. Die Strafzeremonie soll terrorisierend wirken.

1.2. Ende 18. Jhr. / Beginn 19. Jhr.: Das Straf-Theater als Dauervorstellung der Züchtigung[46]

Ein Wandel in der bisherigen Strafkultur geht mit der im 18. Jhr. beginnenden Reformbewegung einher. Das Ziel ist die Etablierung einer neuen "Ökonomie" der Strafgewalt, eine Züchtigung ohne Marter. Die Bestrafung soll milder ausfallen, gleichzeitig aber die Strafgewalt tiefer im Gesellschaftskörper verankert werden. Die Reform-Juristen sehen in der Bestrafung eine Maßnahme, welche die Individuen wieder zu Rechtssubjekten machen soll. Die Öffentlichkeit der Bestrafung darf keine physische Schreckenswirkung verbreiten, indem sie das Volk terrorisiert, vielmehr muss der bestrafte Delinquent als Exempel einer Lektion fungieren. In der Bestrafung ist nicht mehr der Souverän gegenwärtig, die Gesetze selber sollen sichtbar, die öffentliche Moral inszeniert werden. Im alten System wurde der Körper des Verurteilten zur Sache des Königs, der Souverän

---

[46] Vgl. Foucault, 1994, S. 93ff, S. 133ff. Dieses zweite Modell der Ausübung von Strafgewalt zeichnet sich durch einen stark theoretischen Charakter aus und ist wohl nur in Ansätzen realisiert worden, da sich nach kurzer Zeit das Gefängnismodell als bestimmende Form der Strafausübung durchgesetzt hat.
Vgl. dazu auch Hubert L. Dreyfus / Paul Rabinon: *Michel Foucault. Jenseits von Strukturalismus und Hermeneutik*. Frankfurt /M 1987, S.181.

ließ an ihm seine Macht aus. Nun ist er eher ein gesellschaftliches Eigentum. Die Gesellschaft als Ganzes wurde durch die Tat verletzt, deshalb soll Strafe zu einer gesellschaftlichen Pflicht werden. Die Reformer haben zumeist die öffentlichen Arbeiten als eine der besten möglichen Strafformen vorgeschlagen: Sie vereinen das kollektive Interesse an der Strafe des Verurteilten sowie die Sichtbarkeit und Kontrollierbarkeit der Züchtigung. Zwangsarbeit soll zu einem Exempel für die Öffentlichkeit werden, sie ist eine nützliche Wiedergutmachung für die Gesellschaft. Strafe als sichtbare Lektion nimmt in diesen Projekten einen schulischen Charakter an. Sie braucht das Volk als Rezipienten insofern, als sich ihre Belehrungsfunktion nur über lernende Zuschauer konstituieren kann. In den Vorstellungen der Reformer wird die Strafgesellschaft zu einer eigenen Theaterwelt: "... an den Wegkreuzungen, in den Gärten, an den Straßen, die erneuert werden, an den Brücken, die gebaut werden, in den Werkstätten, die allen offen stehen, in den Tiefen der Bergwerke, die man besucht - tausend kleine Züchtigungstheater. ... Eine sichtbare, eine geschwätzige Strafe, die alles sagt, die erklärt, sich rechtfertigt, überzeugt: Schrifttafeln, Mützen, Anschlagzettel, Plakate, Symbole, Texte ... jede Züchtigung ist eine Lehrfabel."[47] Wenn diese "Züchtigungstheater" öffentlich richtig vollzogen werden, wird das Verbrechen nur noch als ein Unglück erscheinen können, und der Übeltäter nur mehr als ein Feind, dem man das gesellschaftliche Leben wieder beibringt.

Der Zugriff auf den Körper des Delinquenten wird allmählich gelockert. Zwar sind Zwangsarbeiten "physische" Strafen, da sie direkt auf den Körper des Delinquenten zielen, doch im Gegensatz zur Zeit der peinlichen Strafen wird der Körper nun in ein System von Zwang und Verpflichtung gesteckt. Das Strafsystem wendet sich nicht mehr ausschließlich an den Körper, sondern auch an die Seele des Delinquenten. Strafe soll auf das Denken, den Willen des Straffälligen wirken. Sie hat im Gegensatz zur monarchischen Rachestrafe einen korrektiven Charakter und soll dem Delinquenten wieder zu einem nützlichen Platz innerhalb der Gemeinschaft verhelfen.

---

[47] Foucault, 1994, S. 145

1.3. 19. / 20. Jhr.: Das Gefängnis als Institution der Einschließung[48]

Im 19. Jhr. formierte sich schließlich der systematische Einsatz des Gefängnisses in der Strafjustiz. Das Volk als Rezipient der Strafe findet in diesem Strafsystem keinen Platz mehr. Die Gewissheit, dass der Gefangene hinter den Mauern seine Strafe verbüßt, muss zur Statuierung eines Exempels genügen. Das Gefängnis entwickelt sich zu einem erschöpfenden Disziplinarapparat, der sämtliche Aspekte des Individuums erfasst: seine physische Dressur, seine Arbeitseignung, sein alltägliches Verhalten, seine moralische Einstellung, seine Anlagen. Der Strafmechanismus des Gefängnisses funktioniert nach bestimmten Prinzipien:

1. Das Prinzip der *Isolierung*: Isolierung des Sträflings gegenüber der äußeren Welt, gegenüber allem, was die Gesetzesübertretung motiviert hat, sowie Isolierung der Häftlinge untereinander, um Gruppenbildungen zu verhindern. Die Strafe muss nicht nur individuell sein, sondern auch individualisierend. Einsamkeit soll zu einem positiven Umformungsinstrument werden, sie soll zur Reflexion anregen.

2. Das Prinzip der *Arbeit*: Sie ist ein Prinzip der Ordnung und Regelmäßigkeit. Sie unterwirft den Körper regelmäßigen Bewegungen, schließt Unruhe und Zerstreuung aus, erzwingt eine Hierarchie und eine Überwachung. Zwangsarbeit wird zu einer Maschinerie, die aus dem gewalttätigen, unruhigen, unüberlegten Gefangenen ein regelmäßig funktionierendes Individuum macht.

3. Das Prinzip der *flexiblen Strafbemessung*: Das Gefängnis wird zu einem Apparat, der zwar das Urteil zu vollstrecken hat, aber es zumindest teilweise auch revidieren kann. Die Strafe wird individualisiert, die Länge der Strafe kann revidiert werden und so zur »nützlichen« Umformung des Häftlings beitragen.

Das Gefängnis wird zu einem Konstitutionsort des Wissens, es dient gleichzeitig als Beobachtungs- und als Wissensapparat. Die Bildung eines Wissens von den Individuen begleitet die Kontrolle und Umformung des Verhaltens. Die Strafanstalt ist ein individualisierendes Dokumentationssystem, das eine Biografie über jeden Häftling führt, die der Durchführung des Besserungsvollzugs dient. Strafe verliert in diesem letzten Modell ihre öffentliche Darbietungsform. Arbeit, Isolation und Seelenmanipulation bestimmen nun den Vollzug, der gelehrige Körper innerhalb eines Wissens- und Kontrollapparates tritt in den Vordergrund.

---

48 ebd. S. 148ff., S. 295ff.

2. Rudimente des frühneuzeitlichen Strafmodells in der sowjetischen Strafpraxis

Einzelne Rudimente monarchischer Repräsentations- bzw. Strafformen der frühen Neuzeit lassen sich im sowjetischen Strafkontext des 20. Jhr. nachweisen. Der Angriff auf den Souverän (= die Partei), der geständige Delinquent als Träger der Wahrheit oder die geheime und schriftliche Form der Strafverfahren sind ebenso typisch für die sowjetische Strafpraxis. Der "Volksfeind" begeht nicht nur ein "einfaches" Verbrechen, sondern greift darüber hinaus die sozialistische Gesellschaft, den offiziell proklamierten Souverän des Staates, an. Die Strafe für "konterrevolutionäre" Verbrechen wurde u.a. in dem berüchtigten Artikel 58 festgelegt, der 1927 in das Strafgesetzbuch der RSFSR eingefügt wurde und bis 1959 galt.[49] Aufgrund dieses Artikels und seiner dehnbaren Auslegung geschahen die Massenverhaftungen während der stalinistischen Säuberungsaktionen und die maßlosen Verurteilungen zu Gefängnis, Erschießung oder jahrzehntelangen Fristen in Straf- und Arbeitslagern. Die kommunistische Partei als die eigentliche souveräne Macht im Staat stellte durch die Beseitigung ideologiefeindlicher Elemente ihre verletzte Autorität wieder her. Der Unterschied zum Strafsystem der frühen Neuzeit liegt darin, dass im Gegensatz zum monarchischen Souverän die souveräne Parteimacht durch eine willkürliche Strafpolitik zu einer unkontrollierten, unvorhersehbaren Macht wurde. Zu bestimmten Zeiten der Stalinära konnte jedes Mitglied der terrorisierten Gesellschaft unvorhergesehen zu einem "Volksfeind" werden.[50]

---

[49] Artikel 58.1: Als gegenrevolutionär gilt jede Handlung, die auf den Sturz, die Unterhöhlung oder die Schwächung der Herrschaft der Räte der Arbeiter und Bauern und der von ihnen auf Grund der Verfassung der Union der SSR und der Verfassungen der Unionsrepubliken gewählten Regierungen der Arbeiter und Bauern der Union der SSR, der Unionsrepubliken und autonomen Republiken oder auf die Unterhöhlung oder die Schwächung der äußeren Sicherheit der Union der SSR und der grundlegenden wirtschaftlichen, politischen und nationalen Errungenschaften der proletarischen Revolution gerichtet ist. (Zitiert nach Warlam Schalanow [eigentl.: Schalamow]: *"Artikel 58". Die Aufzeichnungen des Häftlings Schalanow.* Köln 1967, S. 189)

[50] Vgl. dazu Dülmen, 1988, S. 181. Van Dülmen hält eine einfache Gleichsetzung des frühneuzeitlichen Strafsystems mit dem Terrorsystem moderner totalitärer Staaten nicht für möglich. Die Strafanwendung der früheren Jahrhunderte war kein Willkürakt, sondern vielmehr in ein strenges Ritual eingebunden, das den einzelnen Strafaktionen überhaupt erst Rechtscharakter verlieh und von der Öffentlichkeit kontrolliert wurde. Totalitäre Systeme des 20. Jhr. zeichnen sich dagegen gerade durch ihre willkürliche Rechtsbeugung und Strafanwendung aus.

Die Untersuchungsverfahren liefen wie in der frühen Neuzeit zumeist geheim ab und gingen ebenfalls mit einer Verschriftlichung einher, dem Protokollieren des Verbrechens durch die Untersuchungsrichter bis hin zur Unterschrift des Angeklagten. Selbst in dem totalitären Regime der Sowjetunion wurde nicht ohne weiteres auf ein Geständnis des Angeklagten verzichtet, sondern ein solches aus ihm notfalls unter Folter herausgepresst und unter Einhaltung bestimmter Formalitäten dokumentiert.[51] Die Abschaffung der Folter als ein gesetzlich gebotenes Beweismittel, eine der großen Errungenschaften des 18. Jhr., wird in der Sowjetunion spätestens Ende 1936 wieder zurückgenommen.[52]

Im gesamten sowjetischen Strafverfahren blieb das Individuum rechtlos: Denunziation, Untersuchung mit Folter, Verurteilung verliefen ohne Interventionsmöglichkeiten. Die Verhaftung selbst galt schon als Beweis der Schuld, die im folgenden Untersuchungsverlauf nur noch vom Angeklagten gestanden werden musste. In den gesäuberten Rechtsorganen war weder für eine Verteidigung noch für kontrollierte Beweiserhebungen Platz vorgesehen.[53] Insofern glich das sowjetische Untersuchungsverfahren den inquisitorischen Verfahren, in denen schon im voraus die Schuld definiert wurde und anschließend durch ein erpresstes Schuldgeständnis des Delinquenten bestätigt werden sollte.[54]

Die öffentliche Zurschaustellung des Delinquenten hat sich im sowjetischen Strafverfahren hingegen zeitlich nach vorne verschoben. Der Delinquent wurde nicht erst nach geheimer Feststellung seiner Schuld öffentlich gemartert, vielmehr wurden Menschen von Rang und Namen in öffentlichen Schauprozessen ihrer Schuld überführt und daran anschließend im Geheimen exekutiert oder an einem nichtöffentlichen Ort (Gefängnis, Lager, Psychiatrie) festgehalten.

Das öffentliche Martern ist aus dem Blick der sowjetischen Gesellschaft verschwunden, wird aber in sowjetischen Häftlingsgesellschaften weiterhin praktiziert. Im Lager formiert sich eine Gesellschaft, die eigenen Gesetzen und Ritualen unterliegt und eine eigene Form der Öffentlichkeit produziert. Bricht

---

[51] Vgl. Robert Conquest: *Am Anfang starb Genosse Kirov. Säuberungen unter Stalin.* Düsseldorf 1970, S. 373.

[52] Vgl. Conquest, 1970, S. 168ff., S.372. Ebenso Walter von Baeyer / Wanda von Baeyer-Katte: *Angst.* Frankfurt a. M. 1971, S. 113.

[53] Gerhard Armanski: *Maschinen des Terrors. Das Lager (KZ und GULAG) in der Moderne.* Münster 1993, S. 148.

[54] Vgl. Foucault, 1994, S. 52
Vgl. auch Baeyer / Baeyer-Katte, 1971, S. 113: „Für den Inquisitionsprozess ... war immer schon im voraus durch höhere Verdachtsstufen naheliegend, wer der Schuldige sei. Seine Unschuldsbeteuerungen erschienen daraufhin als ein hartnäckiges Leugnen, sein Widerstand musste gebrochen werden. Seine Aussagen, die in der Folter immer in gewünschter Form ausfielen, bestätigten dann den Verdacht - der somit als vorher gewusste Wahrheit erschien."

der Häftling ein im Lager gültiges Gesetz, kann sein Körper im Extremfall "öffentlich" vor der Lagergesellschaft gepeinigt werden. Strafe nimmt hier wieder ihre ursprüngliche Gedächtnisfunktion ein, die Mitgefangenen sollen die Marter als Abschreckung in Erinnerung behalten. Durch eine Politik des Schreckens am Körper des "Übeltäters" wird die Macht der Lagerleitung wiederhergestellt.

Die sowjetische Strafpraxis übernimmt Elemente aus der Strafkultur der frühen Neuzeit, indem sie einen direkten Zugriff auf den Körper des Delinquenten in Untersuchungsverfahren und Lagerhaft toleriert bzw. fördert. Foucault verweist darauf, dass sich der Zugriff auf den Körper des Delinquenten bis ins 20. Jhr. hinein nie völlig gelöst hat.[55] Zwar zielt Strafe seit Mitte des 19. Jhr. mehr auf den Verlust eines Besitzes oder Rechtes und weniger auf die Schmerztechnik der Marter, jedoch beinhalten Strafformen wie z.B. Zwangsarbeit oder Gefängnis immer noch Elemente, die den eigentlichen Körper in Mitleidenschaft ziehen (Rationierung der Nahrung, Entziehung sexueller Möglichkeiten, Schläge, Isolierung). In den modernen Mechanismen der Kriminaljustiz ist ein "peinlicher" Rest konserviert.[56] Das Lager praktiziert durch die Ausbeutung bzw. Vernichtung des Häftlings, durch die Reduzierung des Menschen auf seine bloße Körperlichkeit eine Intensivierung dieses "peinlichen" Restes.

Plaggenborg wertet die gegen den menschlichen Körper gerichtete Gewalt in Form von Hinrichtungen, Zwangsarbeit, Deportation etc. als ein Charakteristikum des Stalinismus.[57] In Anlehnung an Foucault spricht er von einer evidenten Körperlichkeit der Strafen: „Im Stalinismus verblieb nicht nur ein peinlicher Rest in der Strafjustiz, sondern die peinlichen Strafen waren in der Überzahl, wenngleich sie im Gewande der Besserungsarbeit daherkamen. ... Entfällt der Besserungsaspekt, dann bleibt Zwangsarbeit als Körperstrafe übrig. Die Zwangsarbeit ... ist dann die Marter des Staates am Körper des Verurteilten, nicht ihrer herkömmlichen Erscheinung nach, aber ihrem Sinn nach.“[58]

---

[55] Foucault, 1994, S. 24f

[56] ebd. S. 25

[57] Vgl. Stefan Plaggenborg: *Stalinismus als Gewaltgeschichte*, S. 75. In: ders. (Hrsg.): *Stalinismus. Neue Forschungen und Konzepte*. Berlin 1998, S. 71-112.

[58] Ebd. S. 87f.

3. Das transparente Sowjetlager als Fortsetzung der Strafreformpolitik des ausgehenden 18. Jhr.

In den 20er und frühen 30er Jahren dieses Jahrhunderts werden in der Sowjetunion Formen eines öffentlichen Strafvollzugs propagiert, die deutliche Parallelen zu den Reformprojekten des ausgehenden 18. Jhr. aufweisen. Ziel der damaligen Reformbewegungen war die Ersetzung der Marterstrafen durch öffentliche Strafarbeiten, die ein kollektives Interesse an dem Nutzen der Strafe für die Gesellschaft ausdrückten sowie die Sichtbarkeit und Kontrollierbarkeit der Züchtigung gewährleisteten.[59] Der aufwendig konzipierte Band *Belomorkanal* führt diese Reformabsichten im 20. Jhr. in ihrer idealtypischen Vollendung vor: der Delinquent als Arbeitsglied eines gesellschaftlich bedeutsamen Kanalprojektes, dessen "Wandlung" in einem Prestigeband eines Schriftstellerkollektivs der sowjetischen Gesellschaft "sichtbar" gemacht wird.[60]

Diese demonstrative Transparenz der Strafausführung war bereits seit den 20er Jahren ein spezifischer Bestandteil der sowjetischen Strafpolitik. Seit 1926 konnte z.B. in der gesamten Sowjetunion die Lagerzeitschrift *Soloveckie ostrova* (*Solovki-Inseln*) abonniert werden, die bis 1932 in einer großen Auflage Verbreitung fand. Sie beinhaltete von offizieller Seite gebilligte Darstellungen des Lagerregimes auf den Solovki.[61] Zweck dieses öffentlich geführten Strafdis-

---

[59] ebd. S. 140

[60] Die 1935 erschienene englische Ausgabe *The White-See-Canal* erweitert noch den Rezipientenkreis auf das kapitalistische Ausland. In *Belomorkanal* wird in verschiedenen Szenen das gemeine Volk als verwunderter bzw. staunender Rezipient des Kanalprojektes dargestellt, der schließlich sogar seine passive Beobachterrolle aufgibt und sich mit den Häftlingen solidarisiert:

"Утром по почину партийцев на трассу вышло все население деревни—от бородатых стариков до детей с пионерскими галстуками. Партийная организация устроила субботник в помощь каналоармейцам. ... Вот почему было большим событием для лагеря — толпа вольных крестьян, работающих рядом с ними, заключенными. ... Так появились у канала новые друзья." (170, vgl. auch 183, 185, 189)

„Auf Initiative der Parteifunktionäre versammelte sich am Morgen die gesamte Dorfbevölkerung auf dem Bauabschnitt: vom bärtigen Greis bis zum Pionier. Die Partei führte einen Subbotnik zur Hilfe der Kanalsoldaten durch. ... Diese freien Bauern, die neben ihnen, den Häftlingen arbeiteten, waren der Grund dafür, dass dieses Ereignis zu einem wichtigen Lagererlebnis wurde. ... So gewann der Kanal neue Freunde.“

[61] Solovki = Inselgruppe im Weißen Meer, auf der eine mittelalterliche Klosteranlage in ein Lagersystem umgewandelt wurde; amtliche Bezeichnung: SLON (*S*evernye *L*agerja *O*sobogo *N*aznačenija / Nördliche Lager zur besonderen Bestimmung)

Vgl. Solženicyn, 1991, Bd. 2, S. 34f. Solženicyn bezeichnet die damalige offizielle Propaganda als ein "Spiel" mit den Solovki ohne Verheimlichungen, weshalb die Solovki sokurses war nicht nur eine Abschreckung der Bevölkerung, sondern vor allem eine Zurschaustellung der Fortschrittlichkeit des sowjetischen Strafvollzugs im Vergleich zur Strafpolitik kapitalistischer Länder.[62] In dem bereits erwähnten Sammelband *Ot tjurem k vospitatel'nym učreždenijam* wird der "geheimnislose" Charakter aller sowjetischen Strafanstalten proklamiert:

"Капиталистические страны всеми мерами скрывают тюремную действительность и всеми средствами препятствуют посторонним проникнуть в тюремные тайны. ... СССР не скрывает ничего, что делается в местах лишения свободы, а советская литература по вопросам исправительно-трудовой политики излагает все правила режима в местах лишения свободы СССР, раскрывает его целевые установки, его классовое назначение и его политическое содержание."[63]

„Mit allen Mittel versuchen die kapitalistischen Länder ihre Gefängnisrealität zu verbergen und Fremde daran zu hindern, deren Geheimnisse aufzudecken. ... Die UdSSR verbirgt nicht die Vorgänge im Strafvollzug, und in der sowjetischen Literatur werden alle Ordnungsregeln im sowjetischen Strafvollzug in Bezug auf die Arbeits- und Erziehungspolitik dargestellt, welche Ziele damit verfolgt werden, deren Klassenbedeutung und politischer Inhalt."

Foucault zeichnet vor dem Hintergrund der Reformvorhaben des 18. Jhr. das Bild einer "Straf-Theaterwelt", "Tausend kleine Züchtigungstheater" gewährleisten eine Sichtbarkeit der Strafe, "Dekorationen, Perspektiven, optische Täuschungen vergrößern die Szene, machen sie noch furchterregender, aber auch noch deutlicher".[64] Von einer kulissenhaften Straf-Theaterwelt wird ebenso in

---

gar in sowjetischen Liedern und Bühnenstücken Erwähnung fanden. In diesem Zusammenhang ist auch Gork'ijs Besuch 1929 auf den Solovki von Bedeutung. Er wird von den Spitzen der GPU an sanierten Gebäudefassaden, sauber gekleideten Kindern und wohlversorgten Häftlingen vorbeigeführt und trägt durch seine anschließenden positiven Äußerungen zu dem offiziell erstrebten Bild bei (vgl. ebd. S. 52ff.).

[62] Vgl. Ralf Stettner: *"Archipel Gulag": Stalins Zwangslager - Terrorinstrument und Wirtschaftsgigant; Entstehung, Organisation und Funktion des sowjetischen Lagersystems 1928-1956*. Paderborn 1996, S. 82f.

[63] *Ot tjurem k vospitatel'nym učreždenijam*, 1934, S. 216

Vgl. auch die 1927 erschienene Arbeit *Gefängnisse in der Sowjetunion* von E. Schirwindt, in der die *Zugänglichkeit* der sowjetischen Strafstätten betont wird: "Einem Ausländer gelingt es in den kapitalistischen Ländern nicht leicht, eine Erlaubnis zur Besichtigung von Gefängnissen zu erhalten. ... Ganz anders ist es in den Sowjetrepubliken. Erlaubnis zur Besichtigung einer Haftanstalt erhält jeder Ausländer ohne irgendwelche Schwierigkeiten, gleichviel welcher politischen Partei er angehört und welches seine Stellung im öffentlichen Leben ist." (E. Schirwindt: *Gefängnisse in der Sowjetunion*. Wien / Berlin 1927, S. 32.)

[64] Foucault, 1994, S.145f.

Aufzeichnungen von früheren Mitgliedern der Autorengruppe gesprochen, die als geladene Gäste von Vertretern der OGPU[65] durch das Lager geführt wurde. Avdeenko schildert die gemeinsame Zugfahrt der Schriftsteller und Tschekisten zum Lager als eine für alle angenehme Reise, auf der die Tschekisten schon im voraus "Programme" ihrer Inszenierung unter den Gästen verteilten:

"Писатели едят, пьют, а чекисты рассказывают о житье-бытье на канале, *показывают толстенные альбомы, всякого рода диаграммы, фотографии, брошюры*. Деловые и гостеприимные, один симпатичнее другого."[66] (Hrvg. S.P.)

„Während die Schriftsteller essen und trinken, erzählen die Tschekisten vom Alltag auf dem Bau, *zeigen dicke Alben, verschiedenste Diagramme, Fotos und Broschüren*. Tatkräftig und gastfreundlich, einer netter als der andere." (Hrvg. S.P.)

Das von Avdeenko beschriebene Lager gleicht einer sorgfältig vorbereiteten Bühnendekoration:

"Бараки аккуратно выбелены. Дорожки посыпаны желтым и белым песком, а справа и слева от них зеленая травка вперемежку с цветами. Газоны и цветники тянутся с одного конца лагеря к другому, чуть ли не на целый километр. Всюду раскрашенные скамейки, а на них сидят люди, здоровые и веселые."[67]

„Die Baracken sind sorgfältig geweißt. Die Pfade sind mit gelbem und weißem Sand bestreut, und links und rechts davon sieht man eine bunte Mischung aus Rasengrün und Blumen. Diese Rasenflecken und Blumenrabatten erstrecken sich auf einer Länge von fast einem Kilometer von einem Ende des Lagers bis zum anderen. Überall gestrichene Bänke, auf denen gesunde und fröhliche Menschen sitzen."

Avdeenko verkörpert den idealen Rezipienten dieses "Züchtigungstheaters", der an den Ort der Strafvollstreckung reist und sich die "sichtbare Lektion"[68] der Strafe einprägt:

"Записал в блокнот все, что слышал от заключенных, уже заработавших трудом свободу, доживающих последние дни в лагере, и тех, кому за ударную работу сокращен срок заключения. Мысленно сфотографировал все, что видел за колючей проволокой:

[65] OGPU = Vereinigte Staatliche politische Verwaltung (= politische Polizei)
[66] Avdeenko, 1989, S. 11 (Hrvg. v. S.P.)
[67] ebd.
[68] Foucault, 1994, S. 143

беленькие аккуратные бараки, цветники, золотые дорожки, волейбольные площадки, футбольное поле."[69]

„In meinem Notizbuch habe ich alles notiert, was mir die Gefangenen, die sich die Freiheit durch ihre Arbeit verdient hatten und nun ihre letzten Lagertage verbrachten, und jene, die für ihre Bestarbeit mit einer verkürzten Haftzeit belohnt worden waren, erzählt haben. Im Geiste habe ich alles fotografiert, was ich hinter dem Stacheldraht erblickt habe: die sauberen weißen Baracken, die Blumenbeete, die goldfarbenen Wege, die Volleyballfelder und den Fußballplatz."

Tamara Ivanovna, die ihren Mann Vsevolod Ivanov auf der "Spazierfahrt"[70] begleitete und sich im Gegensatz zu anderen Teilnehmern kritischer zu dem Bauprojekt äußerte, bestätigt das Unvermögen vieler Autoren, namentlich ihres Mannes und Zoščenkos, den szenenhaften Charakter des Lagers zu erkennen. Erst später nach der Rückkehr von der Besichtigungsreise erfuhr sie von einem aus dem Lager entlassenen Verwandten, dass mit den Lagerinsassen deren Auftritt vor der Ankunft der Schriftsteller regelrecht geprobt wurde. Dadurch erklären sich für sie auch die theaterhaften Auftritte ("по системе Станиславского" / nach Stanislavskij) vieler Gefangenen vor der Gastgruppe.[71]

Zur Darstellung von Strafe als Theatervorstellung eignet sich die Komödie als Genre, wie anhand des Werkes von Nikolaj Pogodin deutlich wird. Pogodin setzte für das Sowjetpublikum die Inszenierung der OGPU auf der Bühne fort. Mit dem Stück *Aristokraty (Die Aristokraten)*[72] verwandelt er das Lager in eine gaunerkomödiantische, romantisierte Szene. Die Figuren seines Stückes präsentieren sich auf der Bühne als eine bunte Schar verschiedener Verbrechertypen, die im Lager ihre eigene Umerziehung erleben und am Ende des Stückes als arbeitsliebende Sowjetbürger ein Happyend vorführen. Pogodin äußerte 1934 vor dem 1. Schriftstellerkongress, dass ihm das Bauprojekt des Kanals drei Elemente lieferte, die sich speziell für ein Theaterstück eigneten: die bunte Mischung verschiedener sozialer Schichten auf einem Raum, die widersprüchlichen Ziele

---

[69] Avdeenko, 1989, S. 15

[70] Solženicyn bezeichnet den Besuch als eine "Spazierfahrt" ("прогулка") von 120 Schriftstellern, die sich in weißen Sommeranzügen während der Schifffahrt an der Reling drängten und unter Aufsicht der OGPU Häftlinge zu sich winkten, um sie über ihre Besserungserlebnisse zu befragen. (Solženicyn, 1991, Bd. 2, S. 70)

[71] Tamara Ivanovna: *Ešče o "nasledstve", o "dolge" i "prave". Byl li Vsevolod Ivanov "ždanovcem"?* In: Knižnoe Obozrenie, 34 / 1989, S. 6.

[72] Nikolaj F. Pogodin: *Aristokraty*. Moskau 1935.

der Teilnehmer am Bauprojekt (von Vertretern der OGPU bis zum gewöhnlichen Kriminellen) sowie der Sieg der stärksten Kraft, der OGPU und ihrer Umerziehungspolitik.[73] Nach einer Drehbuchvorlage von Pogodin erschien 1936 eine Verfilmung des Lagers unter dem Titel *Zaključennye (Die Gefangenen* / Regisseur: Evgenij Červjakov), die den komödiantischen Charakter des Lagers schließlich noch auf die Leinwand überträgt.

Die Widersprüchlichkeit der sowjetischen Strafpolitik liegt in dem Umstand, dass einerseits umfangreiche Propagandaaktivitäten das Bild eines transparenten, humanen Strafvollzugs erzeugen, während andererseits schon seit dem Beginn der bolschewistischen Herrschaft 1918 Konzentrationslager für "besonders feindliche Elemente" errichtet wurden, deren Erwähnung in dem propagandistischen Strafdiskurs vermieden wurde.[74] Als in den 30er Jahren der Besserungsarbeitsgedanke immer stärker von rein ökonomischen Erwägungen (= Ausnutzung menschlicher Arbeitskräfte) verdrängt wurde, kam auch die öffentlich geführte Auseinandersetzung über Strafvollzugsformen allmählich zum Erliegen. Mit Beginn der Massenverhaftungen endete sie ganz.[75]

Die Stilisierung eines Lagers als öffentlich kontrollierbarer Ort der Einschließung war nicht nur in der Sowjetunion Teil einer Propagandapolitik. Auch die nationalsozialistische Macht versuchte mit der Schaffung eines "Paradiesghettos" in Theresienstadt die Weltöffentlichkeit zu täuschen.[76] In Erwartung eines Besuches einer ausländischen Delegation wurde von der SS eine "Stadtverschönerung" angeordnet: Ein Musikpavillon, ein Spielplatz und ein Vergnügungspark wurden errichtet, Straßen gesäubert, Zäune entfernt und Gebäude gestrichen. Das Lager nahm den Charakter eines Kur- und Vergnügungsortes an. Ebenso wie im Lager am Weißmeerkanal überstürzt sich auch in Theresienstadt das Tempo der Lageraktivitäten. Adler berichtet, dass Tausende von der Idee der "Verschönerung" aktiv und fast alle Gefangenen passiv von ihr ergriffen worden

---

[73] Vgl. Ruder, 1998, S. 156. Zur "comedy of terror" und der Rezeptionsgeschichte des Stückes als "Show-Carneval" s. ebd. S. 168ff.

[74] Vgl. Solženicyn, Bd. 2, S. 13f., ebenso Kapitel 3 der vorliegenden Arbeit.

[75] Vgl. Stettner, 1996, S. 106: "Es lässt sich somit festhalten, dass das Lagersystem der OGPU (bis 1934) propagiert, der GULag des NKWD (1934-1956) verschwiegen wurde."

Stettner verweist auch auf die Aufgabe der sowjetischen Propaganda, Vorwürfen aus dem Ausland wegen menschenunwürdiger Zustände in den Lagern zu begegnen. Deshalb seien prominente Einzelpersonen oder Delegationen zu Informationsreisen in Gefängnisse und Lager eingeladen worden, die ein völlig gegensätzliches Bild von der eigentlichen Realität wiedergegeben hätten. (ebd.)

[76] Vgl. Hans G. Adler: *Theresienstadt 1941-1945. Das Antlitz einer Zwangsgemeinschaft. Geschichte, Soziologie, Psychologie*. Tübingen 1960², S. 166ff.

seien.[77] Auch in Theresienstadt wird eine neue offizielle Terminologie verwendet: "Ghetto" wird durch "Jüdisches Siedlungsgebiet" ersetzt, "Ghettowache" durch "Gemeindewache", "Tagesbefehl" durch "Mitteilungen der Selbstverwaltung". Der im Lager gedrehte Film *Der Führer schenkt den Juden eine Stadt* verwandelt das Lager in eine totale Theaterwelt. Freiwillige und dazu gezwungene Häftlinge werden geschminkt und müssen sich vor konstruierten Kulissen "ungezwungen" benehmen, alle Veranstaltungen sollen von ihnen applaudierend begleitet werden. Die jüdische Leitung musste in Absprache mit der SS einen genauen Besichtigungsplan ausarbeiten, um jedes mögliche Missgeschick während des Besuches im voraus auszuräumen. Der Bericht eines dänischen Delegationsteilnehmers beinhaltet Charakterisierungen von Häftlingstypen, die in auffallender Nähe zu dem im Lager am Weißmeerkanal propagierten Bild des "umgeschmiedeten" Delinquenten stehen:

> "Nach dem, was Dr. Eppstein (Judenältester im Lager / S.P.) anführte, befanden sich in der Stadt zwei Arten von Menschen. Der vegetative Typ, der von einem Tag zum anderen lebte und die ganze Zeit an die Vergangenheit dachte, und der andere Typ, der in einem inneren Verhältnis zum Leben der Stadt stand, an diesem teilnahm und es zu fördern suchte. *Es sei in großem Umfange gelungen, Personen des vegetativen Typs zu aktiven Teilnehmern an der Gemeinschaftsarbeit umzubilden* und es müsse gesagt werden, äußerte Dr. Eppstein, dass das Leben in der Stadt normal sei und die Bevölkerung als Ganzes Lebensmut besäße."[78] (Hrvg. S. P.)

---

[77] ebd. S. 171

[78] Adler, 1960, S. 176, dort zitiert nach: Hvass F.: *Besog i Theresienstadt den 23. Juni 1944*. Ms. Kopenhagen 1944.

Kapitel 3: Zur Diskrepanz der offiziell propagierten Strafkultur in der Sowjetunion

1. Das sowjetische Arbeitsbesserungsrecht

Zur Klärung des offiziell propagierten Strafverständnisses in der Sowjetunion soll auf das seit dem 1.1.1927 gültige Strafgesetzbuch (StGB) der RSFSR verwiesen werden.[79] Dieses StGB leitete einen neuen Abschnitt in der Geschichte des sowjetischen Strafrechts ein. Im Zuge dieser Neuerungen spielten ideologisch-politische Erwägungen eine maßgebliche Rolle: Da man in der früheren Fassung von 1922 noch traditionelle Elemente des bürgerlichen Strafrechts übernommen habe, müsse man sich nun von diesen befreien, "da terminologische Unklarheiten zu Unklarheiten in der Sache werden könnten."[80] Die deutlichste Änderung in den Grundsätzen des neuen StGB war der vollständige Verzicht auf die Begriffe "Verbrechen" ("преступление") und "Strafe" ("наказание") sowie die Umbenennung von Haftanstalten wie z.B. das Gefängnis in "Arbeitsbesserungshaus" ("исправительно-трудовой дом").[81] Die neuen Gesetze kannten nur noch "Maßnahmen des sozialen Schutzes" ("меры социальной защиты"). Schon in dieser gewandelten Begrifflichkeit verdeutlicht sich die damals herrschende Vorstellung, in naher Zukunft eine klassenlose Gesellschaft ohne Verbrechen und damit auch eine generelle Überwindung des Strafrechts zu erreichen. Es war der aus dem Positivismus des 19. Jhr. stammende, von Marx und später von Lenin übernommene Gedanke, dass eine Straftat nicht Ausdruck des bösen Willens eines Menschen sei, sondern vielmehr auf das negative Umfeld zurückgehe, in dem sich der Täter befinde. Nicht das Individuum, sondern seine Umgebung (= die Gesellschaft) musste folglich verändert werden, die Aufgabe der Sowjetjustiz war nicht die Bestrafung, sondern Besserung des Verbrechers durch angemessene Erziehungsmethoden.[82]

Diese ideologisch-politische Komponente im Strafdiskurs der frühen Sowjetunion soll im folgenden anhand einer zeitgenössischen Interpretation des

---

[79] In: *Sbornik dokumentov po istorii ugolovnogo zakonodatel'stva SSSR i RSFSR 1917-1952 gg*. Pod redakciej Prof. I. T. Goljakova. Moskau 1953, S. 257ff.

[80] Vgl. Ulrike Schittenhelm: *Strafe und Sanktionssystem im sowjetischen Recht. Grundlinien der Kriminalpolitik von den Anfängen bis zum Ende des Sowjetstaates*. Beiträge und Materialien aus dem Max-Planck-Institut für ausländisches und internationales Strafrecht Freiburg, Band S 46. Freiburg i. Br. 1994, S. 67ff.

[81] Vgl. Boris Jakovlev: *Koncentracionnye lageri SSSR*. London 1983², S. 14.

[82] Vgl. David J. Dallin / Boris Nicolaevsky: *Arbeiter oder Ausgebeutete? Das System der Arbeitslager in Sowjet-Russland*. München 1948, S. 61f.

neuen StGB von Pasche-Oserski verdeutlicht werden.[83] Die Arbeit beinhaltet die Grundgedanken des Sowjetstrafrechts und Strafvollzugs, die auf dem besagten StGB von 1926 beruhen. Da diese neuen Prinzipien des Arbeitsbesserungsrechts ab Mitte der 20er Jahre beinahe ein Jahrzehnt lang die Grundlage für strafrechtliche Arbeiten[84] in der Sowjetunion bildeten, sollen die wesentlichen inhaltlichen Aspekte aus Pasche-Oserskis Abhandlung nachfolgend zitiert werden (alle Hervorhebungen im Original):

I. Strafe

„In der UdSSR gibt es weder „Strafen“, noch einen „Strafvollzug“, sondern „Maßnahmen des sozialen Schutzes“ und „durch Arbeit bessernde Einwirkung“ auf Personen, die sozialgefährliche Handlungen begangen haben ... Vom Standpunkt des Sowjetstaates ist das „Verbrechen" in vollem Umfange durch die *wirtschaftlichen Verhältnisse* bedingt, und der Weg zum Kampf mit dem Verbrechen führt ausschließlich über die radikale Aenderung des *wirtschaftlichen Systems selbst*,...(7)

Im scharfen Gegensatz zu den bestehenden kapitalistischen Strafgesetzgebungen, die lediglich eine *formale* Definition des „Verbrechens" geben („als Verbrechen wird eine jede Tat angesehen, die zur Zeit ihrer Begehung vom Gesetz unter Androhung einer Strafe verboten ist"!), gibt das unverhüllte Klassenstrafrecht der Sowjetunion *erstmalig* eine Definition des „Verbrechens" seinem *Wesen nach*. Als Verbrechen ("gesellschaftlich gefährliche Handlung") wird in der UdSSR jede Handlung oder Unterlassung bezeichnet, die gegen das Sowjetsystem gerichtet ist oder diejenige Rechtsordnung verletzt, die von der *Arbeiter- und Bauernmacht* für die Zeit des Ueberganges zum kommunistischen System geschaffen worden ist" ... (9)

Der Staat der Werktätigen *straft nicht*, sondern *verteidigt* sich gegen sozialgefährliche Handlungen (Verbrechen), indem er gegen Personen, die solche Handlungen begehen, *Maßnahmen des sozialen Schutzes* in Anwendung bringt. Das Sowjetstrafrecht erklärt offen: „die Maßnahmen des sozialen Schutzes können nicht die Zufügung physischer Leiden oder die Erniedrigung der menschlichen Würde zum Zweck haben und ihre Aufgabe besteht nicht in der Vergeltung und der Strafe" ... (9)

---

[83] Nikolaj N. Pasche-Oserski: *Strafe und Strafvollzug in der Sowjet-Union.* Berlin 1929. Es handelt sich hierbei um eine Übersetzung aus dem Russischen. Der Autor war ordentlicher Professor an der Universität Kiew.

[84] Vgl. dazu vor allem die Arbeiten des Juristen Emilian Schirwindt, einem der Autoren des StGB von 1924. In der Abhandlung *Naše ispravitel'no-trudovoe zakonodatel'stvo* (Moskau 1925) erläutert er allgemeinverständlich die Grundprinzipien des Arbeitsbesserungsrechts. Das Buch wird in leicht modifizierter Form unter dem Titel *Gefängnisse in der Sowjetunion* 1927 in Berlin/Wien herausgegeben. In Zusammenarbeit mit B. Utevskij verfasste er das Hochschullehrbuch *Sovetskoe ispravitel'no-trudovoe pravo* (Moskau 1931²).

Doch ist die *Besserung* des Täters, seine *Anpassung* an die Bedingungen des freien werktätigen Gemeinlebens, seine *Rückkehr* als nützliches Mitglied in die Sowjetgesellschaft, die grundlegende Aufgabe, die sich *heute* die Sowjetstrafpolitik und der sogenannte „Strafvollzug" in der Sowjetunion stellt. Diese Aufgabe wird in der Hauptsache im Wege der *arbeitsbessernden Einwirkung* auf den Täter während der Durchführung der Grundmaßnahmen des sozialen Schutzes gerichtlich-bessernder Art — *der Freiheitsentziehung* und der *Zwangsarbeit ohne Freiheitsentziehung* erreicht. Ein besonderer, der allerjüngste Zweig des Sowjetstrafrechts, regelt die *Ordnung der Anwendung* dieser beiden Maßnahmen des sozialen Schutzes. Dies ist das *Arbeitsbesserungsrecht* der Sowjetrepubliken ... (39)

II. Strafvollzug
Die Arbeit und die kulturell-aufklärende Einwirkung sind einander ebenbürtige Mittel der arbeitsbessernden Einwirkung auf die Internierten in den Freiheitsentziehungsanstalten der Sowjetrepubliken, die mit Recht die Bezeichnung *„Arbeitsbesserungsanstalten"* tragen.

Die Arbeitsbesserungsgesetzgebung der Sowjetrepubliken verwirft kategorisch die Ansicht, daß die Arbeit der Internierten ein Mittel zur Abschreckung oder Ausbeutung darstellt, und betrachtet diese Arbeit in erster Linie als *erzieherisch-besserndes Mittel* ... (40)

Der Internierte muß innerhalb der Mauern der Sowjetarbeitsbesserungsanstalt sein *Analphabetentum* beseitigen, seine Allgemeinbildung ergänzen, das Niveau der *politischen Entwicklung* heben und irgendein *Handwerk* oder einen *Beruf* erlernen ... In scharfer Unterscheidung von den heutigen Gefängnisordnungen anderer Länder, in denen die Teilnahme an den kulturell-aufklärenden Arbeiten lediglich als „Belohnung" für eine Besserung gestattet ist, verkündet das Sowjetrecht die Teilnahme an der kulturell-aufklärenden Einwirkung als *Recht* aller Internierten ... (50)

Die Arbeitsbesserungsgesetzgebung der Sowjetunion verkündigt das Prinzip, daß *„die Behandlung in den Arbeitsbesserungsanstalten keine Zufügung physischer Leiden, Gesundheitsschädigung oder Herabsetzung der Menschenwürde der Internierten kennen darf"*. Deshalb verwirft das Sowjetprogressivsystem entschieden die Einzelhaft überhaupt, da diese für die Sowjet-Strafvollzugspolitik vollständig unannehmbar ist ...(67)“

Das propagierte Konzept des neuen StGB, die "Humanisierung" und Fortschrittlichkeit des sowjetischen Strafvollzugs, weist auffällige Parallelen zu den Straf-Reformbewegungen des 18. und 19. Jhr. Jahrhunderts auf. Auf eine Isolierung des Häftlings soll verzichtet werden, liberale Besuchs-, Korrespondenz- und Urlaubsregelungen erlauben die Einsicht Außenstehender und machen die Anstalt transparent. Pädagogisch-rehabilitierende Motive zielen auf eine Wiedereingliederung des Delinquenten in die Gesellschaft, mit der Ausführung kontrollierter Tätigkeiten soll er zu einem nützlichen Subjekt derselben werden. Freiheitsentzug wird in diesem Sinne nicht mehr als Strafe interpretiert, sondern als eine "Erziehungsphase". Pasche-Oserski betont die "vollkommene" Übereinstimmung der neuen Entwicklung im Sowjetstrafvollzug mit dem programmatischen Ziel der kommunistischen Partei, die *Freiheitsentziehung durch die obligatorische Arbeit unter Erhaltung der Freiheit und die Gefängnisse durch Erziehungsanstalten zu ersetzen!*"[85]

2. Besserungsarbeit oder Zwangsarbeit? Der Wandel in der sowjetischen Strafpolitik der 30er Jahre

In den 30er Jahre änderte sich die offizielle Haltung in der Strafpolitik. Die bisher vertretene Auffassung, unter Anwendung von Erziehungsmaßnahmen jeden Menschen bessern zu können, wurde fallengelassen. Schrittweise wurden Begriffe wie "Strafe", "Gefängnis" oder "Schuld" in den öffentlichen Diskurs wieder aufgenommen.[86] Nun wurde die Haltung eingenommen, man brauche sich vor den im bürgerlichen Strafrecht verwandten Begriffen nicht zu scheuen und es sei nicht notwendig, diese zu tabuisieren.[87]

Im Vorwort von *Ot tjurem k vospitatel'nym učreždenijam (Von Gefängnissen zu Erziehungsanstalten)* von 1934 verweist Andrej Vyšinskij explizit darauf, dass die sowjetische Arbeitsbesserungspolitik nicht zwangsläufig zur Umwandlung des Menschen führen muss. Zwar führt er als Musterbeispiel für einen möglichen Erfolg dieser Politik den Weißmeer-Ostsee-Kanal an, der als demonstratives Beispiel für die Umerziehung Tausender von Verbrechern und Konterrevolutionären zu Bestarbeitern zu bewerten sei,[88] gleichzeitig charakteri-

---

[85] Pasche-Oserski, 1929, S. 97

[86] Vgl. Dallin / Nicolaevsky, 1949, S. 65ff.

[87] vgl. Schittenhelm, 1994, S. 71

[88] "Беломорско-Балтийский канал — живая иллюстрация того, что собою представляют принципы советской исправительно-трудовой системы, с которыми не могут идти ни в какое сравнение все самые «совершенные», самые «гуманные», самые «культурные» тюремные изобретения и новшества любого буржуазного государства.

Изложению того, как и какими путями шла советская исправительно-трудовая система к результатам, нашедшим в Беломорском канале наиболее яркое свое выражение, ежедневно воспроизводимых в тысячах и тысячах дел, творящихся в исправительно-трудовых учреждениях, и посвящен настоящий сборник." (*Ot tjurem*, 1934, S. 10; vgl.ebd. S. 68)

"Der Weißmeer-Ostsee-Kanal gibt ein beredtes Bild von den Prinzipien des sowjetischen Arbeits- und Erziehungssystems, mit denen selbst die "vollendetsten","humansten" oder "intelligentesten" Erfindungen und Neuerungen im Gefängnissystem eines bürgerlichen Staates nicht verglichen werden können. Der vorliegende Sammelband zeigt, auf welche Art und Weise das sowjetische Arbeits- und Erziehungssystem jene Ergebnisse erzielte, deren deutsiert Vyšinskij die Arbeitsbesserungspolitik jedoch als eine Verbindung von Erziehung und Gewalt. Ihr falle die Aufgabe zu, einerseits den Kampf gegen den Klassenfeind sowie andererseits eine "erzieherische Einwirkung" ("воспитательное воздействие") auf gestrauchelte Angehörige der Arbeiterklasse zu realisieren. Diese Erziehungsmaßnahmen kämen auch all jenen "schädlichen Elementen" zu, die "bereit wären, diese erzieherische Einflussnahme anzunehmen" ("оказываются в состоянии воспринять воспитательное влияние" /8/). Unter Verweis auf theoretische Abhandlungen Lenins wird allerdings auf die legitime Vernichtung "nicht erziehbarer", "schädlicher Elemente" verwiesen (21). Vyšinskij bezieht sich auf die von Lenin formulierte "zweieinige" ("двуединая") Aufgabe der sowjetischen Kriminalpolitik, die "organische Verbindung von Unterdrückung und Überzeugung".[89] Auf dieser "Zweieinigkeit" beruhe die Wirksamkeit des Sowjetrechts. Vyšinskij bezieht sich auf diesen Gedanken auch noch in seiner 1946 erschienen Arbeit über das sowjetische Gerichtssystem.[90] Dem Gericht komme bei der "Erziehung zum Gefühl der Achtung vor dem sozialistischen Eigentum und der Treue zum sozialistischen Staat" eine entscheidende Rolle zu, es vereinige in seiner Tätigkeit "die Aufgaben der Bestrafung mit den Aufgaben der Erziehung."[91]

Offiziell propagiert wird demnach eine Strafkultur, die der "überwältigenden" Mehrheit der Verurteilten ein neues Leben ermögliche, indem diesen zahlreiche Möglichkeiten geboten würden, sich am Aufbau des Sozialismus zu beteiligen.[92] Informationen über den Umgang mit "nichterziehbaren Elementen" werden hingegen zurückgehalten.

Der Aufbau eines das ganze Land umfassenden Lagersystems ließ sich nicht mit einer Gesellschaftstheorie vereinbaren, die mit der Aufhebung der Klassenordnung die Wurzeln individuellen Verbrechens beseitigt und das Strafrecht für überholt glaubte.[93] Ausgeschlossen vom Besserungsgedanken blieben

---

lichster Ausdruck beim Bau des Weißmeer-Ostsee-Kanals zu Tage trat und die Tag für Tag vieltausendfach in den Arbeits- und Erziehungseinrichtungen nachvollzogen werden."

[89] Vgl. Andrej Wyschinski: *Über die Sowjetjustiz.* Moskau 1939, S. 135; ebenso *Ot tjurem*, 1934, S. 8.

[90] Andrej Vyšinskij: *Teorija sudebnych dokazatel'stv v sovetskom prave.* Moskau 1946. (Zitiert nach der dt. Übersetzung: Andrej Wyschinski: *Theorie der gerichtlichen Beweise im sowjetischen Recht.* Berlin 1955.)

[91] Ebd. S. 33

[92] Vgl. Vyšinskij, 1939, S. 140

[93] Im folgenden vgl. Solženicyn, 1991, Bd. 2, S. 7ff, 526ff; Stettner, 1996, S. 43ff, S. 68ff. Zur Zweideutigkeit der Einstellung Lenins und anderer kommunistischer Führer zur Arbeit vgl. auch Michel Heller: *Stacheldraht der Revolution. Die Welt der Konzentrationslager in der sowjetischen Literatur.* Augsburg 1975, S. 14ff. Schwerstarbeit wurde schon von Beginn

Bevölkerungsgruppen, die als Systemgegner angesehen wurden. Führende zaristische Beamte und Offiziere, Kirchenvertreter, Funktionäre nichtsozialistischer Parteien galten als "soziale Gefahr" und nicht integrierbar, auf sie traf nicht der Grundsatz der Umerziehung, sondern der Absonderung und Vernichtung zu. Die Bolschewiki unterschieden deutlich zwischen "Besserungsarbeit" ("исправительный труд") für Angeklagte aus der Arbeiterklasse und "Zwangsarbeit" ("принудительный труд") für "Konterrevolutionäre", "sozialgefährliche Elemente" und "Klassenfeinde". Die kommunistische Terminologie und Propaganda sind insofern irreführend, als sie mit einer Verklärung der Wirklichkeit einhergehen: Beide Formen der Arbeit waren Zwangsarbeiten, propagandistisch genutzt wurde aber nur die Besserungsarbeit als eine mögliche Form "humaner" Bestrafung.[94]

Schon zu Beginn der bolschewistischen Herrschaft war Gefangenenzwangsarbeit für Missliebige üblich und wurde als Verfahren der Ausgrenzung eingesetzt. Neben den als "Besserungsarbeitseinrichtungen" ("исправительно-трудовые учреждения") charakterisierten Zwangsarbeitslagern des NKWD, welche die Normalität eines humanen Strafvollzugs suggerierten, gab es auch Konzentrationslager ("концентрационные лагери") der Tscheka für Systemgegner. Eine Absonderung in Konzentrationslager wurde seit 1918 (!) als gebräuchliches Straf- und Isolationsmittel angewandt, allerdings existierte in dieser Zeit noch kein ausgebautes System wie zur Stalinzeit. Lager dieser Art waren eher spontane Gründungen, die häufig an Orten früherer Disziplinaranstalten (Klöstern) lagen.

Ein Mechanismus absoluter Ausgrenzung formierte sich seit den 20er Jahren allmählich im europäischen Norden Russlands. Die ab 1921 gegründeten SLON ("Северные лагери особого назначения" / Nördliche Lager zur besonderen Verwendung) gelten als Urzellen des späteren Lagersystems der Stalinzeit. Entgegen der Propaganda über die "Besserungsarbeit" spielte die politische Erziehung hier kaum noch eine Rolle. Der größte Teil der Häftlinge waren Konterrevolutionäre, von deren Beeinflussung man sich nur wenig versprach.

In der zweiten Hälfte der 20er Jahre verschlechterten sich die Lebensbedingungen in den Lagern zusehend, die Kriminellen bauten ihre Vorherrschaft

---

an als Strafe für "Kapitalisten" und dann sogar als Zwangsmaßnahme gegen Arbeiter und Bauern eingeplant, um einen Zusammenbruch der Volkswirtschaft zu verhindern.

[94] Selbst als Ende der 20er Jahre immer häufiger Nachrichten von Lagergräueln in die westliche Welt eindrangen, hielt die Sowjetunion weiterhin an ihrer Behauptung fest, es existiere keine Zwangsarbeit. "Spontane" Demonstrationen aus der Bevölkerung und eine umfassende Pressekampagne richteten sich gegen eine "antisowjetische Front", die "schmutzige Verleumdungen" verbreite. Vgl. Joachim Klein: *Belomorkanal. Literatur und Propaganda in der Stalinzeit*, S. 55f. In: Zeitschrift für Slavische Philologie, Bd. LV (1995/96), S. 53-98.

aus. Lagerordnungen wurden härter bei gleichzeitiger Brutalisierung der Strafen, das Lagerregime nahm Züge des späteren GULAG an. Die Strafzwangsarbeit trat immer stärker in den Vordergrund. Die Insassenzahlen stiegen stetig, weshalb neue Häftlinge schließlich in SLON-Lager auf dem Festland abgeschoben wurden. Diese entwickelten sich im nordöstlichen Teil Sibiriens zu großen Verbundsystemen, der Gulag der Stalinzeit entstand. Unter Stalin vollzog sich die Neuorganisierung der Wirtschaft, mit der auch zur effizienteren Ausnutzung des Arbeitskräftepotentials eine enorme Verschärfung des Strafrechts einherging. Nicht nur mögliche Staatsfeinde sollten bestraft werden, sondern der stete Zufluss an Häftlingen musste gesichert werden, damit der Gulag Aufgaben im Rahmen der Staatswirtschaft erfüllen konnte.[95]

Mitte der 30er Jahre setzte eine neue Wende in der sowjetischen Kriminalpolitik ein. Innerhalb weniger Jahre hat sich das Verständnis von Strafe nicht zuletzt deshalb fundamental geändert, weil der Strafaspekt immer enger mit staatsökonomischen Interessen verschmolz. Hinzu kommt noch, dass das StGB von 1926 wesentlich konsequenter als frühere Modelle von dem "Grundsatz der Gefahrenabwehr" ausgeht.[96] Es ließ die Möglichkeit zu, "vorbeugend" die sogenannten "Maßnahmen des sozialen Schutzes" auf Personen allein wegen ihrer Klassenzugehörigkeit auszudehnen und bot eine Grundlage für die kommenden Massenverhaftungen, die bald nach der Verschärfung des Artikels 58 über "gegenrevolutionäre Verbrechen" im Jahre 1934 einsetzten. Die Verschärfung des Strafrechts sollte aus der Sicht der Sowjetführung den notwendigen Terrordruck bewirken und den Personalbestand des Lagersystems garantieren. Strafe diente nun der Isolation oder Vernichtung "politisch Unzuverlässiger" sowie der Organisation der rücksichtslosen Ausbeutung von Arbeitskräften.[97] Spätestens seit Mitte und Ende der 30er Jahre an formte sich der Gulag der Stalinzeit in seiner

---

[95] Vgl. Stettner, 1996, S. 99ff

[96] Vgl. Walter Meder: *Das Sowjetrecht. Grundzüge der Entwicklung 1917-1970*. Frankfurt a. M. / Berlin 1971, S. 190ff.

[97] Vgl. ebenso Solženicyn, 1991, Bd. 2, S. 126:

"Даже исправительно-трудовой кодекс 1924 года с высоты 1934 юристы Вышинского упрекают в «ложном представлении о всеобщем исправлении». Потому что кодекс этот ничего не пишет об *истреблении*. Никто не обещал, что будут исправлять Пятьдесят Восьмую. Вот и назвал я эту Часть (den 3. Teil in Bd. 2 /S.P.) — *истребительно*-трудовыею".

„Das Besserungsarbeitsgesetz von 1924 muss sich nach zehnjähriger Lebensdauer, 1934, von Wyschinskis Juristen den Vorwurf gefallen lassen, es sei ‚von einer falschen Vorstellung hinsichtlich der allgemeinen Besserung' getragen. Denn es lässt dieses Gesetz die *Ausrottung* außer acht. Dem § 58 war eine *Besserung* von niemandem versprochen worden. Darum habe ich dem Titel dieses Buchteils das Wort *Ausrottung* zugefügt." (Übers. von A. Peturnig. In: Solschenizyn, 1974, Bd. 2, S. 137.)

Struktur und Zielsetzung zu einer reinen Straf- und Zwangsarbeitsorganisation.[98] Die ursprüngliche Rolle von Strafe im Rechtsdiskurs, ihre Funktion der auf ein bestimmtes Verbrechen bezogenen Sanktionierung mit gleichzeitiger Besserungsabsicht war kaum noch von Relevanz. Es ist überhaupt fraglich, ob ab Ende der 30er bis Mitte der 50er Jahre noch von einer sowjetischen "Kriminologie" im eigentlichen juristischen Sinn des Wortes ausgegangen werden kann.[99]

3. Haftbedingungen in sowjetischen Lagern

Die Ambivalenz der offiziell propagierten Strafkultur verdeutlicht sich wohl am stärksten in den Haftbedingungen in sowjetischen Lagern, weshalb eine knappe Darstellung derselben an dieser Stelle angeführt werden soll. In Arbeiten der historischen Forschung findet man häufig verallgemeinernde Beschreibungen von Existenzbedingungen der Lagerhaft, die nicht in Bezug auf ein bestimmtes Lager formuliert werden, sondern eher Grundstrukturen spezifischer Alltagssituationen im Lager darstellen, die je nach Straf- und Lagertyp, Region und Zeitumständen modifiziert werden müssten.[100]

Schon der wochen- bzw. monatelange Transport über Sammelgefängnisse und Transitlager ließ den Häftling meist nur sehr geschwächt an den vorausbe-

[98] Vgl. Stettner, 1996, S. 284

[99] Schittenhelm weist in ihrer rechtswissenschaftlich ausgerichteten Arbeit daraufhin, dass Ende der 30 Jahre aufgrund administrativer Einschränkungen in der sowjetischen Forschung und des gewandelten Erkenntnisinteresses kaum mehr von einer sowjetischen Kriminologie gesprochen werden kann: "Die fehlenden Möglichkeiten, neue Daten über Taten und Täter zu gewinnen, brachten es mit sich, dass man sich mit dem Problem der Verbrechensursachen nicht mehr beschäftigte. Vor dem Hintergrund des stalinistischen Gesellschaftssystems wurde dies sogar als schädlich angesehen und so Jahr für Jahr dieselben allgemeinen Äußerungen über die Überreste der kapitalistischen Vergangenheit im Bewusstsein und die Einflüsse der kapitalistischen Umkreisung bzw. des kapitalistischen Lagers wiederholt. Mit dem damit verbundenen Postulat, dass es im sowjetischen System keine Faktoren mehr gebe, die zu Kriminalität führten, war eine kriminologische Wissenschaft im eigentlichen Sinne in der Tat unnötig geworden. Aus der damaligen Sicht genügte es, den dennoch kriminell Gewordenen als Träger "alter Überreste" im Zeichen des verstärkten Klassenkampfes in der einen oder anderen Weise zu bekämpfen. Trotz vereinzelter Forderungen nach der Wiederbelebung der Kriminologie in den späten 30er und den 40er Jahren sollte es vom Ende der 30er Jahre beinahe 20 Jahre dauern, bis es im Zuge der Entstalinisierung wieder eine sowjetische Kriminologie geben würde." (Schittenhelm, 1994, S. 190)

[100] Vgl. Armanski, 1993, S.157ff.; Stettner, 1996, S. 269ff; Solženicyn, 1991, Bd. 2, S. 169ff; Vjačeslav P. Artem'ev: *Režim i ochrana ispravitel'no-trudovych lagerej MVD*. Institut po izučeniju SSSR, Issledovanija i materialy, serija 1-ja, vypusk 26. München, 1956, S. 78ff.

stimmten Ort ankommen. Die Unterkünfte entsprachen häufig nicht dem örtlichen Klima und waren überfüllt. Unzureichend bekleidet und ernährt, musste der Häftling schwerste körperliche Arbeiten unter teils extrem harten klimatischen Verhältnissen leisten. Folglich versuchte er durch absichtliche Passivität, simulierte oder wirkliche Krankheiten diese zu umgehen. Die Essensration wurde an die Arbeitsleistung gekoppelt: Wer aufgrund schwindender Kräfte weniger Prozent der Norm erfüllte, bekam verminderte Rationen. Ernährung, Schlaf, Kleidung, Wärme gewinnen die zentrale Bedeutung im Häftlingsleben. Je nach Strafart und Lager nahm der Häftling einen bestimmten Platz innerhalb der Lagerhierarchie ein, von dem der Härtegrad der Arbeit abhing. Schaffte es der allgemeine Häftling nicht, sich einen weniger harten Funktionsposten zu ergattern oder als Spitzel anwerben zu lassen, drohte ihm nach wenigen Wochen härtester Arbeit das physische (und psychische) Ende. Entkräftung und Unterernährung begünstigten die Entwicklung von Krankheiten bis hin zum Ausbruch von Seuchen. Die Befriedigung der elementarsten Grundbedürfnisse wurde zu einem alltäglichen Kampf zwischen den Häftlingen und trug zu ihrer Entsolidarisierung bei.

Neben den oft willkürlichen Befehlen seitens der eigentlichen Lagerleitung, deren Missachtung zu harten Disziplinarstrafen in Strafisolatoren oder -brigaden führen konnte, war der Häftling den Forderungen des kriminellen Milieus ausgesetzt. Dieses etablierte sich häufig als Subgewalt im Lager und unterdrückte die Gefangenen in Absprache mit oder unter stillschweigender Duldung der Lagerleitung. Kriminelle erlaubten sich eine totale Arbeitsverweigerung, ihr Soll musste von den anderen miterfüllt werden. Widerstand gegen sie war kaum möglich, da die Kriminellen Ungehorsame oder Abtrünnige nach eigenen Gesetzen und Ritualen meist straffrei exekutieren konnten.

Die Existenzbedingungen in Lagern in Kolyma, der Haftregion Varlam Šalamovs, waren von äußerst unwirtlichen natürlichen Bedingungen und dem zumeist sehr strengen Alltagsregime geprägt. Zwar waren in diesem Gebiet die Lager dünner gesät, bildeten dort aber aufgrund der genannten Bedingungen "ihre typusprägende Phänomenologie und Essenz" aus.[101] Conquest führt in seiner Arbeit auf der Basis von Zeugenaussagen und Memoiren die Realität in Lagern dieser Region vor: Sie sind Stätten absoluter Inhumanität, das Leben des einzelnen Individuums verliert seinen menschlichen Wert, indem es nur noch als ökonomisches Potential gehandelt wird.[102]

---

[101] Armanski, 1993, S. 150. Vgl. auch Solženicyn, 1991, Bd. 2, S. 108ff.

[102] Robert Conquest: *Kolyma: The Artic Death Camps*. Oxford 1979. Vgl. auch ders.: 1970, S. 425ff.

Anders verhält es sich auf den ersten Blick mit den in dem Band *Belomorkanal* beschriebenen Haftbedingungen des BelBaltLag. In einem an den offiziellen Propagandaton angelehnten Sprachstil wird ein "humanes" Lager beschrieben, das die moralische Erhöhung seiner Insassen zum Ziel habe. In der "Lagerrealität" von *Belomorkanal* werden Todesfälle oder körperliche Entbehrungen weitgehend ausgeblendet. Dagegen schildert Artem'ev den Einbruch eines Staudamms während der Kanalarbeiten, in dessen Folge über 10.000 Häftlinge ihr Leben verloren hätten.[103]

Seit dem Ende der Sowjetunion können Dokumente publiziert werden, die die propagandistische Lagerdarstellung in *Belomorkanal* widerlegen. Doch kann noch immer kein sachlicher Nachweis über eine mögliche Opferzahl erbracht werden. Čuchin geht von mehreren Zehntausend Opfern aus, kann es aber trotz Einsicht in Archive des Innenministeriums nicht eindeutig mit Dokumenten belegen.[104] Ruder bestätigt, dass in allen bisher zugänglichen Berichten Angaben über Todesraten, Gesundheitszustand und Lebensqualität der Häftlinge oder auch über negative Auswirkungen auf das ökologische Gleichgewicht in der Region fehlen.[105]

---

[103] Artem'ev, 1956, S. 85ff.

[104] Vgl. Ivan Čuchin: *Kanaloarmejcy. Istorija stroitel'stva Belomorkanala v dokumentach, cifrach, faktach, fotografijach, svidetel'stvach učastnikov i očevidcev*. Petrozavodsk 1990, S. 185ff. Solženicyn spricht von Hunderttausenden (Solženicyn, 1991, Bd. 2, S: 84). Vgl. dazu auch *Gulag v karelii. Sbornik dokumentov i materialov. 1930 - 1941*. Petrozavodsk 1992, S. 5-88.

[105] Ruder, 1998, S. 13. Trotz möglicherweise absichtlich unterschlagender Daten dürfe laut Ruder aber nicht außer acht gelassen werden, dass die Errichtung des Kanals von vielen Häftlingen, die an ihm arbeiteten, von Schriftstellern, die den Bauverlauf dokumentierten, und nicht zuletzt von den Lesern der Dokumentation mit großem Enthusiasmus verfolgt bzw. rezipiert worden sei.
Zum aktuellen Forschungsstand über den historischen Kontext des Bauprojekts s. Ruder, 1998, S. 1-8.

Kapitel 4: Das Kollektivbuch *Belomorsko-Baltijskij Kanal imeni Stalina. Istorija stroitel'stva* (*Weißmeer-Ostsee-Kanal "Stalin". Geschichte des Kanalbaus*)

1. Zur Diskursivität von *Belomorkanal*

Der Band *Belomorkanal* beinhaltet eine Reihe von Diskursen, die aufgrund permanenter Überschneidungen ein nur schwer aufzulösendes Geflecht bilden. Ein *technischer* Diskurs referiert auf den Bauverlauf des eigentlichen Kanals und beinhaltet eine Masse von technischen Details, Beschreibungen von kollektiven Planungen und Bauausführungen, Brigaden, Normvorgaben, Stoßarbeiten etc. Diesbezüglich weist *Belomorkanal* eine inhaltliche Parallele zu verschiedenen anderen literarischen Texten der frühen 30er Jahre auf[106]. Ferner steht auch der *ideologische* Diskurs des Textes in der Tradition dieser Zeit: Die kommunistische Partei respektive ihr höchster Führer Stalin verkörpern die treibende Kraft der gesamten gesellschaftlichen Entwicklung und repräsentieren die Wahrheit der Ideologie. Ebenso typisch für die sowjetische Literatur dieser Zeit ist ein *sozial-utopischer* Diskurs, der eine Transformation des individuellen Menschen in ein sozialistisches, dem Kollektiv verbundenes Subjekt thematisiert. Dieser dritte Diskurs stellt sich in *Belomorkanal* in einer besonderen Variante dar: Das Individuum wird gewandelt, indem es einer Strafe unterworfen wird, die einen Prozess der Läuterung in ihm auslöst. Der Anspruch, den die Autoren von *Belomorkanal* erheben, umfasst somit weit mehr als nur die Beschreibung eines technischen Großprojekts. Er zielt vor allem auf die Frage nach der Manipulierbarkeit des Menschen, einer möglichen "Umschmiedung" ("perekovka") desselben durch eine Realisierung von Straf- und Kontrollverfahren.[107]

---

[106] Vgl. zur literarischen Darstellung der Industrialisierungsperiode in Texten der späten 20er und frühen 30er Jahre sowie zur Maschinensymbolik als "Schlüsselmotiv" Katerina Clark: *Little heroes and Big Deeds: Literature Responds to the First Five-Year Plan*. In: Sheila Fitzpatrick (Hrsg.): *Cultural Revolution in Russia, 1928-1931*. Columbia 1978, S. 189-206. Vgl. auch dies.: *The Soviet Novel. History as Ritual*. Chicago 1985², S. 93ff.

[107] Vgl. als weiteres Beispiel für eine Beschreibung von "Umwandlungen" das Kollektivbuch *Ljudi stalingradskogo traktornogo zavoda (Die Werktätigen der Stalingrader Traktorenfabrik)*, in dem die Arbeiter vom Fluchen und Trinken in ihrer Freizeit ablassen. Im Unterschied zu den Häftlingen aus *Belomorkanal*, die einer Bestrafung unterworfen werden, erfolgt die Umwandlung der Fabrikarbeiter "freiwillig" aufgrund ihrer Beteiligung an der sozialistischen Kollektivarbeit. (Vgl. Clark, 1978, S. 192;ebenso Clark, 1985, S. 185).

Bereits in dem einleitenden Kapitel[108] verweist Gor'kij auf die verschiedenen Diskurse des Textes:

"Это одна из наиболее блестящих побед коллективно организованной энергии людей над стихиями суровой природы севера. В то же время — это отлично удавшийся опыт массового превращения бывших врагов пролетариата-диктатора и советской общественности в квалифицированных сотрудников рабочего класса и даже в энтузиастов государственно-необходимого труда.." (11)

„Das ist einer der glänzendsten Siege der kollektiv organisierten Menschenkraft über die unerbittliche Härte der Natur des Nordens. Gleichzeitig ist es ein hervorragend gelungenes Experiment: unzählige frühere Feinde der Diktatur des Proletariats und der sowjetischen Gesellschaft verwandelten sich dabei in qualifizierte Mitarbeiter der Arbeiterklasse und sogar in Enthusiasten für staatlich notwendige Arbeit."

Damit formuliert er programmatisch den Inhalt des gesamten Bandes, der sowohl den technisch-industriellen Erfolg in der Entwicklung des Landes als auch den erfolgreichen Zugriff auf den straffällig gewordenen Menschen umfasst.

In vorliegender Arbeit wird der zweite Aspekt im Vordergrund stehen: der Einsatz von Strafe (Lager / Zwangsarbeit) und die Auswirkung auf das Individuum. Verzichtet werden soll hingegen auf eine eingehendere Beschreibung der häufigen und zumeist sehr umfangreichen "Produktionsszenen" - der zahlreichen Etappensiege in der Bauentwicklung, der technischen Probleme und ihrer Lösungen, der vielfältigen Gefährdungen durch Klassenfeinde in Form von Sabotageakten etc. Sie tragen zu der formulierten Themenstellung dieser Arbeit nur wenig bei.

In der Analyse der folgenden Kapitel soll verdeutlicht werden, inwieweit das Motiv der Strafe als eine wesentliche Konstituente des Textes fungiert. In diesem Zusammenhang sollen mögliche Lesarten des Textes vorgestellt werden. Bezieht man sich auf Foucaults Begriffsmodell der Disziplin[109] als mögliche "Folie" für eine Lesart des Textes, so kann die in *Belomorkanal* beschriebene Großbaustelle als Lager interpretiert werden, das sich der Verfahren der Disziplin bedient, indem es für den Delinquenten ein Arbeitsprogramm in einem zeitlichen Rahmen festlegt und dessen Umwandlung als Endziel anstrebt. (Kap. 4.2.-4.4.)

---

[108] *Pravda socializma (Wahrheit des Sozialismus),* S. 11-17

[109] Vgl. Foucault, 1994, Kap. III

Ebenso kann auch Goffmans Beschreibungsmodell der "totalen Institution"[110], insbesondere der von ihm formulierte *Anstalts*diskurs, einer möglichen Lesart dienen, die einen weiteren - *psychiatrischen* - Diskurs innerhalb des Textes erschließt. (Kap. 4.5.)

Sowohl Foucault als auch Goffman beziehen sich auf den bestraften, kontrollierten Menschen, den Häftling, Soldaten, Patienten, etc. In *Belomorkanal* steht eben dieser Mensch im Mittelpunkt des Textes.

(Belomorkanal, S. 207)

Изменяя природу, человек изменяет самого себя *(К. Маркс)*

Indem der Mensch die Natur verändert, ändert er sich selbst. (K. Marx)

[110] Erving Goffman: Asyle. Über die soziale Situation psychiatrischer Patienten und anderer Insassen. Frankfurt a. M. 1973.

(Belomorkanal, S. 85)

Работа их переучит

Durch Arbeit werden sie umerzogen.

2. Foucaults Begriff der "Disziplin"

Foucaults Arbeit *Überwachen und Strafen* ist mehr als nur eine Entwicklungsgeschichte des Strafvollzugs, die über verschiedene Stufen der Strafgewalt mit ihren jeweils eigenen Strafpraktiken zuletzt in die Institution des Gefängnisses mündet. Der umfangreiche Mittelteil der Arbeit beschreibt ein Verfahren, das in unterschiedlichste gesellschaftliche Bereiche eindringt: die Disziplin. Foucault beschreibt ihre Wirkungsmacht auf Individuen und die mit ihr verbundene Entstehung von sogenannten "Disziplinargesellschaften".

In diesem Kapitel soll zunächst der eigentliche Begriff "Disziplin" geklärt und daran anschließend die wesentlichen Seiten der Disziplin, ihre Wirkungsmechanismen und -felder zusammenfassend dargestellt werden. Anschließend soll der Versuch unternommen werden, vor dem Hintergrund der in *Überwachen und Strafen* formulierten Verfahren der Disziplin auf eine Anzahl von diskursiven Begriffen zurückzugreifen, die gleichsam als "Folie" für eine mögliche Lesart von *Belomorkanal* dienen könnten. Als Ziel ist folglich auch die Klärung der Frage zu benennen, inwieweit die Disziplin als Konstituente des Strafwesens eine generelle Aufnahme bzw. Widerspiegelung in Texten findet, die Teil eines Strafdiskurses sind.

Foucault versteht unter Disziplinen "Methoden, die die peinliche Kontrolle der Körpertätigkeiten und die dauerhafte Unterwerfung ihrer Kräfte ermöglichen und sie gelehrig/nützlich machen."[111] Die Disziplin ist die spezifische Technik einer Macht, welche die Individuen als Objekte und Instrumente behandelt und funktional einsetzt. Sie ist ein Typ von Macht, eine Modalität der Ausübung von Gewalt, die von Institutionen und Apparaten (Strafanstalten, Spitälern, Polizei, etc.) zur Erreichung bestimmter Ziele oder zur Stärkung innerer Machtmechanismen eingesetzt werden kann. Disziplinen sind Techniken, die im Rahmen eines Machtsystems das Ordnen menschlicher Vielfältigkeiten sicherstellen und die Fügsamkeit und die Nützlichkeit aller Elemente des Systems steigern sollen. Aus den Körpern soll das Maximum an Zeit und an Kräften herausgeholt werden. Dazu werden komplexe Methoden eingesetzt: Zeiteinteilung, kollektive Dressuren, Übungen, Überwachung. Die Disziplin ist ein technisches Verfahren, das die nutzbare, ökonomische Kraft des Körpers steigert und gleichzeitig die politische Bedeutung des einzelnen Individuums reduziert.

Foucault formuliert die Disziplinen unter Berücksichtigung historischer Beispiele aus den Institutionen des Militärs (Armee), der Medizin (Spital),

---

[111] Foucault, 1994, S. 175, vgl. im folgenden auch S. 220, 277ff.

der Industrie (Fabrik), der Kirche (Kloster) und der Schule (Internat). In der folgenden Darstellung wird jedoch darauf verzichtet, einzelne Verfahren der Disziplinen mit bestimmten (Disziplinar-)Institutionen zu verbinden. Vielmehr sollen ihre typischen Merkmale, ihre charakteristischen Funktionsweisen unabhängig von möglichen Orten bzw. Institutionen ihrer Realisierung formuliert und auf diese Weise archetypische Modelle der Disziplin benannt werden.

Raum[112]

Die Disziplin verteilt die Individuen im Raum und schließt sie in diesen ein. Der Raum kann bisweilen baulich abgeschlossen von anderen Räumen sein (Prinzip der Klausur). Jedem Individuum wird ein Platz zugewiesen. Gruppenverteilungen sollen vermieden, massive und unübersichtliche Vielheiten zersetzt werden (Prinzip der Parzellierung). Dadurch soll in jedem Augenblick das Verhalten eines jeden überwacht, abgeschätzt und sanktioniert werden können. Die Disziplin organisiert einen analytischen Raum der Überwachung.

Zeit[113]

Die Disziplin verplant die Zeit. Die Disziplinen bestimmen zeitliche Reglementierungen, durch ununterbrochene Kontrolle wird die Qualität der Zeitnutzung gewährleistet. Die Zeit soll erschöpfend ausgenutzt werden. Die Zeit wird zur Erreichung eines bestimmten Zieles bemessen, Tätigkeiten in einen zeitlichen, evolutiven Rahmen eingereiht. Der Körper wird an zeitliche Imperative angepasst. Verspätungen, Abwesenheiten oder Unterbrechungen lösen Sanktionen aus.

Kontrolle über Tätigkeit und Geist[114]

Die Disziplin zwingt das Individuum zu bestimmten Tätigkeiten. Sie unterwirft den Menschen einem vorgeschriebenen Rhythmus und bindet den Körper an ein bestimmtes Objekt (Waffe, Instrument). Durch Dressurtechniken soll der Körper auf äußere Signale (Befehle) reagieren. Dadurch formiert sich ein anatomisch-chronologisches Verhaltensschema. Befehle sollen nicht hinterfragt werden. Die Einführung von dauerhaften Gewohnheiten soll das Aufkommen von Leidenschaften unterbinden, alle Quellen von Störung und Zerstreuung sind zu vermeiden. Die Disziplin greift gleichzeitig auf Körper und Geist des Individuums zu und versucht sie an Reglements zu binden. Sie erwartet vom Individuum Genau-

---

[112] ebd., S. 181ff

[113] ebd., S. 192ff

[114] ebd., S. 192ff, 214ff und S. 310ff

igkeit, Aufmerksamkeit und Regelmäßigkeit. Unaufmerksamkeit, Nachlässigkeit und Faulheit werden bestraft.

Individuum und Masse[115]
Die Disziplin setzt eine Vielzahl von Kräften zu einem leistungsfähigen Apparat zusammen. Der Körper wird auf seine Funktion reduziert und bildet ein Segment in einer Gesamtheit, er wird Teil einer Maschine. Diese sorgfältig abgestimmte Kombination der Kräfte ist einem präzisen Befehlssystem unterstellt. Die Körper befinden sich in einer kleinen Welt von Signalen, die das gewollte Verhalten auslösen. Jedem Individuum wird eine Funktion zugeordnet. Mit einer genauen Festlegung von "Posten" schafft man eine Nützlichkeit des Individuums. Jedes Individuum nimmt einen bestimmten Rang innerhalb einer Klassifizierung ein, jeder erfährt eine genaue Lokalisierung innerhalb eines Netzes von Relationen. Die Disziplin belohnt durch die Verleihung von Rängen und Plätzen und bestraft durch Zurücksetzung.

Organisation von Entwicklungen[116]
Die Disziplin organisiert profitable Dauerhaftigkeiten. Sie legt Programme in einem zeitlichen Rahmen fest, Entwicklungen werden auf ein bestimmtes Endziel ausgerichtet. Übungen von zunehmender Schwierigkeit bedingen die Entwicklung des Programms, an dessen Ende die Prüfung[117] steht. Die Übung ist durch eine lineare und stetig fortschreitende Organisation gekennzeichnet. Tätigkeiten werden in eine Dauer eingereiht, womit die Möglichkeit geschaffen wird, detailliert zu kontrollieren und pünktlich zu intervenieren.

Bestrafung[118]
Jedes Disziplinarsystem trägt einen Strafmechanismus mit eigenen Gesetzen und Sanktionsformen in sich. Die Disziplinarstrafe hat die Aufgabe, Abweichungen zu reduzieren und ist darum wesentlich korrigierend. Der erwartete Besserungseffekt resultiert weniger aus Sühne und Reue als vielmehr direkt aus der Mechanik einer Dressur. Disziplinarsysteme bevorzugen Bestrafungen, die in den Bereich des Übens fallen. Richten ist Abrichten.

---

[115] ebd., S. 184ff und S. 209ff
[116] ebd., S. 201ff
[117] Auf die Prüfung als zentrales Verfahren der Disziplin wird in Kap. 4.1. ausführlicher eingegangen.
[118] ebd., S. 229ff

3. Das Lager als komplexer Disziplinarapparat

Das Autorenkollektiv präsentiert mit dem Band *Belomorkanal* die Darstellung eines Lagers, das auffällige Parallelen zu den von Foucault definierten Disziplinaranstalten aufweist.[119] Im vorherigen Kapitel wurde erläutert, wie die Verfahren der Disziplin das Individuum in einen kontrollierbaren Raum stellen, den zeitlichen Ablauf seines Handelns reglementieren, seinen Körper an ein bestimmtes Objekt binden, das Individuum in eine vorgegebene Hierarchie einordnen etc. Verschiedene Realisierungen dieser Verfahren prägen die Darstellung der Lagergesellschaft in *Belomorkanal.* Das BelBaltLag kann als ein Verbindungsmodell verschiedener Disziplinen gelesen werden: Das Lager verschmilzt die Institutionen Schule, Fabrik, Gefängnis, Armee zu einem mächtigen Apparat, der das Individuum als Schüler, Delinquent, Soldat und Arbeiter behandelt und umformt.

Allein der spezifische Gebrauch der Terminologie in *Belomorkanal* verdeutlicht die verschiedenen Disziplinarcharaktere des Lagers, was anhand einer Reihe von Zitaten dargestellt werden soll:

Lager als Fabrik

Die Inhaftierten arbeiten kollektiv an einem Großprodukt, dem Kanal. Sie sind vorbestimmten Arbeitsabläufen unterworfen, die einer Kontrolle unterliegen. Das gesamte Lager prägt die Arbeitsatmosphäre einer Fabrik, der industrielle Bezug[120] wird bewußt konstruiert und mit den neu entstandenen Produktionsstätten in der jungen Sowjetunion verglichen:

---

[119] Foucault unterscheidet drei Typen von Disziplinaranstalten: *Kloster- und Gefängnisdisziplinen* mit den ihnen eigenen Macht- und Gehorsamsverhältnissen; *Werkstatt- und Hospitaldisziplinen*, die sich auf sachliche Fähigkeiten (zielgerichtete Tätigkeiten) konzentrieren; *Ausbildungs-Disziplinen* (Schule) mit den ihnen typischen Formen geregelter Kommunikation. Der Einsatz dieses "Blocks" Fähigkeiten-Kommunikation-Macht sei jeder Disziplin zueigen, allerdings in unterschiedlicher Abstimmung der einzelnen Verhältnisse zueinander. (Vgl. Michel Foucault: *Wie wird Macht ausgeübt?* In: Dreyfus, Hubert L. / Paul Rabinson: *Michel Foucault. Jenseits von Strukturalismus und Hermeneutik.* Frankfurt /M 1987, S. 251-261.)

[120] Mit diesem deutlich formulierten ökonomischen Bezug stellt der Band *Belomorkanal* keine Ausnahme in der sowjetischen Literatur dieser Zeit dar. In literarischen Arbeiten über den 5-Jahres-Plan in der ersten Hälfte der 30er Jahre sind häufig Motive aus Industrie und Technik anzutreffen. Die Gesellschaft wird als Maschine dargestellt, deren einzelne Teile miteinander verschlüsselt sind und reguliert werden müssen (z.B. das Bild von der Gesellschaft als Zug und von der Partei als dessen Achsen). Vgl. dazu Clark, 1978, S. 190

"В лагере ощущали Магнитогорск, Днепрогэс, Сталинградский тракторный и Нижегородский автострой, как будто они находились тут же рядом." (77)

„Im Lager wehte der Geist von Magnitogorsk, des Dneprstaudamms, der Stalingrader Traktorenfabrik und der Automobilfabrik von Nižnij Novgorod, als ob sie sich in unmittelbarer Nähe befänden."

Im gesamten Lagerbereich dröhnt der Lärm wie in einer riesigen Fabrikhalle, als ob unzählige Subjekte an ihren Platz verwiesen werden und das ihnen zugeordnete Gerät nach einem festgesetzten Plan bedienen:

"Что же касается звуков, то страшный шум трассы звенит настолько, что напоминает громадную фабрику, где не слышно звука человеческого индивида, а чувствуется коллективное творчество. Почти все время взрывчатые колоссальные громы. А также топоры о дерево. Стук молотков о блещущую сталь и бурный свист электрического мотора, который выхлебывает воду из деревянных сот. Грохочут булыжники, выкатываемые из тачек, и летят через деревянные трубы вниз. С очень тупым звуком падают тучи песка, которые сверху вниз сбрасывают лопатами. Стучат конские копыта по дну сооружения и всюду шум, куда вы ни сунетесь." (279)

„Der gewaltige Lärm auf der Baustelle dröhnt so laut, daß man - den Geräuschen nach zu urteilen - sich an eine gigantische Fabrik erinnert fühlt, in der man nicht mehr das Geräusch eines einzelnen menschlichen Individuums heraushören kann, sondern das kollektive Schaffen spürt. Fast unaufhörlich hört man den Donner riesiger Explosionen, das Krachen der Äxte auf Holz, das Schlagen der Hämmer gegen glänzenden Stahl und das stürmische Pfeifen des Elektromotors, der das Wasser aus den Holzzellen pumpt. Mit lautem Poltern werden die Pflastersteine aus den Schubkarren geschüttet und rollen die hölzernen Rohre hinunter. Mit dumpfem Geräusch schlagen Sandberge auf, die von oben mit Spaten hinuntergeworfen werden. Die Hufe der Pferde hämmern gegen den Boden, und wo man geht und steht, begleitet einen der Lärm."

Lager als Armee

Eng verbunden mit der fabrikartigen Charakterisierung des Lagers ist eine militärische Beschreibungsart der Lagerbaustelle (военизированный, дисциплинарный характер стройки /213/ [militarisierter Disziplinarcharakter der Baustelle]). Die Häftlinge erwerben sich bei guter Führung (= Erfüllung der Arbeitsnorm) den Ehrentitel "каналоармейцы" („Kanalsoldaten"). Die Lagermacht teilt die große Masse der Insassen wie die militärische Disziplin in kleinere Einheiten ("бригады" [„Brigaden"], "боевые фаланги" [„Kampffronten"]), die ihre "Waffen" (=Arbeitsgeräte) überprüfen, um schließlich "auf Befehl" gegen die ungebändigte Natur in einen "Sturmkampf" zu ziehen:

"На участке гремело. Пришел приказ— обязательно взять скалу к полдню. Каналоармейцы всех родов оружия готовились к штурму, нервничали и ждали команду." (169)

"Объявляется трудовой штурм ... Каждое отделение пошлет на Водораздел боевую фалангу — в 250 человек. На Водораздел обрушим удар по законам военной тактики. Штурм начинается 7 января. Руководить им будет штаб." (269)

„Auf der Baustelle donnerte der Lärm. Der Befehl war eingetroffen, bis zum Mittag den Felsen einzunehmen. Kanalsoldaten aller Waffengattungen bereiteten sich auf den Sturm vor, wurden ungeduldig und warteten auf das Kommando."

"Der Arbeitssturm wird verkündet ... Jede Abteilung entsendet zur Wasserscheide eine Kampffront von 250 Mann. Der Angriff auf die Wasserscheide erfolgt nach allen Regeln der Kriegskunst. Der Sturm beginnt am 7. Januar und wird vom Stab geleitet."

Die Zeit des Lageraufenthalts gleicht dem Absolvieren eines Militärdienstes, der innerhalb der vorgegebenen Bauzeit aus der Häftlingsgesellschaft eine "glorreiche Armee" geformt hat:

"А вдумайтесь в то, что произошло. Двадцать месяцев армия в сто тысяч человек без охраны, без конвоя стояла у границ другого мира, мира, когда-то близкого, даже любимого этой армией — и какой армией, решительной, смелой, прошедшей империалистическую и гражданскую войны, армией, понимающей вкус оружия, умеющей обращаться с оружием, армией, умеющей ненавидеть —- и убивать своих врагов. Двадцать месяцев, мало того —- стояла, — армия эта работала. Для кого она работала? Для отсталой Карелии, о которой 99 процентов этой армии никогда и не слышали и не желали слушать." (362)

„Stellt euch vor, was passiert ist. Zwanzig Monate stand die hunderttausendköpfige Armee ohne Wache und Wachmannschaften an der Grenze zu einer anderen Welt. Einer Welt, die irgendwann einmal dieser Armee nahestand, von ihr geliebt wurde. Was war das für eine Armee? Sie war entschlossen und mutig, hatte einen imperialistischen und einen Bürgerkrieg geschlagen, sie kannte ihre Waffen und wußte mit ihnen umzugehen, sie war fähig zu hassen und ihre Feinde zu erschlagen. Zwanzig Monate nun stand diese Armee nicht nur, sondern arbeitete. Für wen sie arbeitete? Für das rückständige Karelien, von dem 99 Prozent dieser Armee noch nie etwas gehört hatten und auch nichts hören wollten."

Lager als Schule
Die schulische Seite des Lagers verdeutlicht sich einerseits in den vielen Biografien, in denen ein Erziehungsprozess nachgezeichnet wird: Das Subjekt wird "umgeschmiedet", der ungebildete, arbeitsscheue Häftling zu einem fleißigen, schreibenden und lesenden Arbeiter erzogen. Ein Resultat dieses "Bildungsprozesses" ist sein Wissen um die Sinnhaftigkeit der von ihm geleisteten Arbeit. Die Zeit des Lageraufenthalts gleicht außer einem Militärdienst auch einer durchplanten Schulzeit ("двадцатимесячная школа социалистического труда" /127/ [zwanzigmonatige Schule der sozialistischen Arbeit]), während der ein Großteil der "Schüler" erfolgreich seine "Reife" erlangt:

> "В общем же счете, сколько мне удалось увидеть, ни один человек, прошедший суровую школу перевоспитания, не остался именно таким, как был. Все почти в той или иной мере получили положительную перековку." (323)

> „Im Allgemeinen konnte ich erkennen, daß niemand, der die harte Schule der Umerziehung durchlaufen hatte, später derjenige blieb, der er früher gewesen war. Fast alle haben auf diese oder jene Weise eine positive Umschmiedung erfahren."

Außer auf der biografisch-inhaltlichen Ebene ist dieser schulische Charakter auch an der konzeptionellen Gestaltung des Bandes *Belomorkanal* zu erkennen. Der eigentliche Leser des Bandes hält gewissermaßen ein illustriertes "Lehrbuch des Lagers" in seinen Händen: Reiches Bild- und Kartenmaterial, Wandzeitungen, Collagen, Porträts von Persönlichkeiten etc. vermitteln einen komplexen "Anschauungsunterricht" mit unterschiedlichen "Unterrichtsfächern". Landschaftsaufnahmen, geografische Besonderheiten, detaillierte Beschreibungen aus dem Lagerlabor bilden einen *geografisch-naturwissenschaftlichen* Diskurs; die Geschichte verschiedener Kanalbauprojekte seit dem 18. Jhr. bildet einen *historischen*; der eigentliche Bauverlauf mit Messdaten, Prozentzahlen, Plansolls etc. einen *mathematisch-ökonomischen*; schließlich bildet die ausführliche Beschreibung von Strafpraktiken bourgeoiser Länder und die eigenen strafideologischen Postulate einen *kriminalwissenschaftlich-strafrechtlichen* Diskurs. In verschiedenen Überschriften verdeutlicht eine lehrbuchartige Terminologie den Inhalt des folgenden Kapitels: "Расписание пыток" („Foltermethoden" / 36), "Новое задание" („Eine neue Aufgabe" / 50), "Историческая справка" („Historischer Überblick" / 65). Den Schülern (Häftlingen) stehen die Lehrenden (Tschekisten) vor, die sich wiederum nach einer obersten Kommission (Partei) richten, die mittels gedruckter Vorgaben ("Постановления" / „Vorgaben") den "Lehrplan" des Lagers bestimmt.

Lager als Gefängnis

Einzig der gefängnisartige Charakter eines Lagers lässt sich in Bezug auf das BelBaltLag zumindest terminologisch kaum nachzeichnen. Das Lager nimmt nicht primär die Züge eines Ortes der Einschließung und Isolierung an, sondern wird als Produktionsstätte beschrieben, die die positive Entwicklung des Einzelnen fördert. Der Unterschied zur Gefängnisdisziplin liegt vor allem in der öffentlichen Darbietung der Strafe im Lager und die damit verbundene Intention pädagogischer Einsichten (wie es vor allem in den Reformprojekten im 18./19.Jhr vorgesehen war). Die Gefängnisinstitution praktiziert jedoch ganz im Gegenteil eine verdeckte Bestrafung, auf die Persönlichkeit des Häftlings wird mittels Isolation, Arbeit und Seelenmanipulation zugegriffen.[121] Lediglich die Praxis des Lagers, die Biografien seiner Insassen aufzeichnen zu lassen, verdeutlicht eine Parallele zur Gefängnisanstalt: Beide Institutionen sind Konstitutionsorte des Wissens, die zur Kontrolle ihrer Insassen auf eine umfassende Registrierung ihres persönlichen Werdegangs abzielen.

Im folgenden soll auf der Grundlage der im vorherigen Kapitel formulierten Diskursbegriffe dargestellt werden, inwieweit diese als eine Art "Folie" für eine mögliche Lesart von *Belomorkanal* dienen können. Beispielhaft werden kurze Textausschnitte aufgeführt, anhand derer der komplexe Charakter des Lagers als Disziplinarapparat und die damit verbundene Normierung des Häftlings deutlich werden.

Die Disziplin ordnet das Individuum einer zeitlichen Reglementierung unter.

In *Belomorkanal* unterliegt der gesamte Ablauf des Lageralltags dem Diktum eines vorbestimmten Zeitplans. Stalins Forderung, den Kanal billig und in kürzester Zeit zu bauen (S. 81), bestimmt das alltägliche Eiltempo auf den verschiedenen Bauabschnitten des Kanals. Dieser zeitlichen Reglementierung kann sich der Lagerinsasse zunächst nur schwer anpassen:

> "Все бы хорошо, если бы не эти безумные темпы! ... Он совсем не плохо знал свое дело — но разве можно справиться с этой дикой спешкой! Темпы совершенно вышибали его из привычной колеи, ломали все ритмы, которые он с таким трудом наладил для себя в этом новом мире." (231)

---

[121] Vgl. Foucault, 1994, S. 295ff.

„Alles wäre gut, wenn nicht dieses wahnsinnige Tempo gewesen wäre! ... Er kannte seine Sache sehr gut - aber wie sollte man mit dieser wilden Geschwindigkeit mithalten! Dieses Tempo warf ihn aus seinem eingefahrenen Gleis und zerstörte seinen Rhythmus, den er mit soviel Mühe für sich in dieser neuen Welt eingerichtet hatte."

Die Ausnutzung der Lagerzeit wird bis auf die Minute genau durchorganisiert, um eine größtmögliche Arbeitseffizienz zu garantieren. Das einzelne Subjekt muss seine eigenen Bedürfnisse unterdrücken, um die Vorgaben korrekt erfüllen zu können. Eine "erschöpfende Ausnutzung" der Zeit, das "Prinzip des Nicht-Müßiggangs" wird angestrebt, um "aus der Zeit immer noch mehr verfügbare Augenblicke und aus jedem Augenblick immer noch mehr nutzbare Kräfte herauszuholen."[122] Mögliche Abweichungen und damit einhergehende Zeitverluste werden von vornherein ausgeschlossen, indem die Häftlinge während der Arbeit am Kanal einer permanenten Beobachtung ausgesetzt werden:

"Бригадиры напряженно следят, не курит ли кто, хотя им самим чертовски хочется покурить. Но надо тянуться, иначе закурит один, закурит другой, две минуты на папироску, в день набежит сорок минут, а если сорок минут помножить на тридцать тысяч!" (283)

„Wachsam kontrollieren die Brigadeleiter, ob jemand raucht, obwohl sie selbst verdammt gern rauchen würden. Aber man muß sich am Riemen reißen, sonst fängt der erste an zu rauchen, dann der nächste, das sind jedesmal zwei Minuten pro Zigarette, macht 40 Minuten pro Tag. Und wenn man erst 40 Minuten mit 30 000 multipliziert!"

Der Häftling sieht sich im Lager mit einem Arbeitstempo konfrontiert, das zunächst als „Geschwindigkeitsschock" erfahren wird. Sobald sich der Häftling jedoch auf den vorgegebenen Zeitplan einlässt, erlebt er eine neue „Geschwindigkeitserfahrung": Das Tempo erscheint nicht mehr als Qual oder Willkür, sondern löst vielmehr einen Schöpfungsprozess in ihm aus:

"И вот мало-помалу инженер начинает перерождаться. У него появляется социалистический, ускоренный пульс, убыстряются мыслительные процессы и нервные реакции. Он начинает входить в темпы, приспосабливать к ним свой разум, свою волю, свое дыхание. Более того, он стремится обогнать их, чтобы они не обгоняли его. Это освобождает его от непосредственного давления темпов, и он создает себе тот творческий комфорт, отсутствие которого так пугало его при самом приступе к работе. Он овладевает собой, он развертывает все свои творческие способности уже на новом,

---

[122] Vgl. ebd. S. 197f

ином, более высоком уровне. Он уже не мыслит себя вне стройки. Беломорстрой — это он сам, это его явь, его сон, его мысль, его желание." (356)

„Ganz allmählich vollzieht sich die Wiedergeburt des Ingenieurs. Sein Puls paßt sich dem beschleunigten sozialistischen Tempo an, Denkprozesse und Reaktionszeit verkürzen sich. Er nimmt die Geschwindigkeit auf und paßt dieser seinen Verstand, seinen Willen und seine Atmung an. Mehr noch, er möchte schneller sein, überholen, damit er nicht vom Tempo überholt wird. Dadurch befreit er sich von dem unmittelbaren Geschwindigkeitsdruck und schafft sich jene notwendige schöperische Atmosphäre, die früher fehlte und vom Arbeiten abhielt. Er bekommt sich in den Griff und entfaltet seine gesamten schöpferischen Fähigkeiten nun auf einem neuen, anderen, höheren Niveau. Er kann sich ein Leben ohne die Baustelle nicht mehr vorstellen. Der Bau des Weißmeer-Ostseekanals - das ist er selbst, seine Wirklichkeit, sein Traum, sein Gedanke, sein Wunsch."

Die Disziplin bindet den Körper des Individuums an ein bestimmtes Objekt.

Das Lager bindet den Körper des Häftlings an ein Instrument, mit dem er die befohlene Arbeit ausführen soll, Körper und Objekt werden zusammengeschaltet:[123]

"Так вот она, эта тачка, к которой они будут прикованы, словно «каторжные» ... Их тонкие ловкие пальцы, привыкшие к деликатным воровским инструментам, должны будут взяться за кирку, за заступ. Все это сначала нелегко." (91)

„Das ist sie also, die Schubkarre, an die sie wie "Zwangsarbeiter" gefesselt werden. ... Ihre flinken zarten Finger, gewöhnt an filigranes Diebeswerkzeug, müssen nun Spitzhacke und Spaten anpacken. Das ist anfangs schwer."

Die Annahme des vorgeschriebenen Gerätes fällt dem Häftling anfangs ebenso schwer wie die der vorstrukturierten Zeiteinteilung. Doch sobald er sich uneingeschränkt den Reglementierungen unterworfen hat, steigert sich sein Arbeitsengagement zu enthusiastischen Höchstleistungen. Auffallend ist in diesem Zusammenhang, dass der eigentlich archaische, primitive Charakter des Werkzeuges (Schubkarre!) durch eine detaillierte Beschreibung seiner Vorzüge wieder aufgehoben wird. Das Instrument erhält vielmehr einen hervorgehobenen Status, indem ein regelrechter Instrumentenkult betrieben wird: Über Schubkarren wer-

[123] Vgl. ebd. S. 196f

den Lieder gesungen, ihre Konstruktion ist Gegenstand öffentlicher Diskussionen. (Vgl. S. 91)

Die Disziplin organisiert einen analytischen Raum.

Der Lagerraum als spezifischer Disziplinarraum teilt die Masse der Insassen in kleinere Einheiten auf, er parzelliert die große Menge in kontrollierbare Einzelbereiche:[124]

"Типовой беломорстроевской бригаде полагается состоять из 25—30 человек, не больше, не меньше — это строго. Следующая степень обобщения — фаланга — должна состоять из 250—300 человек. А трудколлективы не фиксируют числа членов и обычно включают от 100 до 200 человек." (227)

„Eine einfache Baubrigade des Weißmeer-Ostsee-Kanals muß aus 25-30 Personen bestehen, nicht mehr und nicht weniger. Hier sind die Vorschriften sehr streng. Die nächstgrößere Einheit, die Kampffront, besteht aus 250-300 Personen. Die Arbeitskollektive haben keine vorgeschriebene Personenzahl und bestehen in der Regel aus 100-200 Personen."

Der in eine Einheit gestellte Delinquent kann nicht nutzlos umherschweifen bzw. sich mit anderen zu einer gefährlichen Anhäufung zusammenschließen. In einer eigenen Gruppe sind An- und Abwesenheiten leichter überprüfbar, der Einzelne ist auffindbar. In *Belomorkanal* wird die Organisation solcher Einteilungen als beste Methode der Umerziehung und Heranführung der Häftlinge an ihre Arbeit dargestellt. Das BelBaltLag entwirft einen kontrollierbaren Raum.

Die Disziplin organisiert eine Vielzahl von Kräften zu einem leistungsfähigen Apparat.

Die gesteuerten Arbeitsabläufe Tausender von Häftlingen im Lager erzeugen das Bild einer rastlosen, vielgliedrigen Arbeitsmaschinerie. Jede einzelne Arbeitskraft ist Teil einer kollektiven Handlung, die ein kollektives Ziel hat - die Fertigstellung des Kanals:

"Две тысячи людей, одинаково и хорошо одетых, копошатся в гигантском котловане. Тысячи рук, взметываясь, подбрасывают в тачки грунт. Сотни тачек беспрерывным потоком движутся по эстакаде и катальным доскам из котлована и в

---

[124] Vgl. ebd. S. 183f

котлован ... И казалось, нет человека, который хоть на мгновение остановился бы." (137)

“2000 Menschen, alle in der gleichen ordentlichen Kleidung, gehen emsig in der gigantischen Baugrube zu Werke. Tausende Hände sind rege und füllen die Schubkarren mit Erde. Hunderte Schubkarren fahren in einem unaufhörlichen Strom die Gerüstbrücke und Laufstege hinauf und hinab, in die Baugrube hinein und heraus ... Und es hatte den Anschein, als ob keiner von ihnen auch nur für einen Augenblick innehielt.”

Die Disziplin überwacht und reguliert das Subjekt, indem sie es einer lückenlosen Kontrolle unterwirft.

Im BelBaltLag durchdringt ein Kontrollmechanismus die Lagergesellschaft, der an die Funktion der Medien im Lager gekoppelt ist. Zwei Arten von Medien nehmen eine omnipräsente Stellung im Lager ein: das Lagerradio und die Lagerzeitung. Indem beide über jede kleine Handlung, über jeden neuen Erfolg oder Misserfolg berichten, machen sie das Verhalten jedes einzelnen für alle anderen transparent und somit kontrollierbar. Zeitung und Radio beurteilen, loben und kritisieren den arbeitenden Häftling, der wiederum auch selbst an diesem Urteilsprozess teilnehmen kann, indem er eigene Texte schreibt. Das Radio wird als "schwarzer Mund" und "schwarze Maske ohne Auge" bezeichnet, mit Bildern von Organen also, die "Befehlen" und "Beobachten" implizieren:

"Радио — в бараке, на трассе, на лесозаготовках, у ручья, на улице, на холме, в карельской избе, с грузовика, радио, не спящее ни днем ни ночью, эти бесчисленные черные рты, эти черные маски без глаз кричат неустанно, неустанно рассказывают о том, что делает, что думает, как работает штаб строительства, что делает и думает Москва, что думают о трассе чекисты всей страны, что сказала партия. Штаб строительства желает, чтоб его слушали!" (117)

„Das Radio in der Baracke, auf dem Bau, im Holzeinschlag, am Fluß, auf der Straße, dem Hügel, in der karelischen Hütte, vom Lastwagen herunter – das Radio findet keine Ruhe, weder am Tag noch in der Nacht. Diese unzähligen schwarzen Münder, diese schwarzen Masken ohne Augen schreien unaufhörlich, ruhelos erzählen sie davon, wie die Bauleitung handelt, was sie denkt, wie sie arbeitet, wie Moskau handelt und denkt, was die Tschekisten im ganzen Land über den Bau denken, was die Partei sagte. Die Bauleitung wünscht, daß man sie hört!”

Das Radio ergreift alle Insassen an allen Orten zu jeder Tages- und Nachtzeit, seine Stimme dringt in jede Lücke ein. Es funktioniert als totales Instrument, das die Reglementierungen der kontrollierenden Instanz, der Partei, über die gesamte Fläche des Lagers streut. In seiner überwachenden Funktion wird das technische Gerät als eine personalisierte, befehlende Autorität dargestellt:

"Радио кричало хрипло и оглушительно громко, так громко, что в ушах трещало и лопалось: Вставай! Подымайся! Через десять минут все на улицу!" (132)

„Das Radio schrie heiser und ohrenbetäubend. Es war so laut, daß es in den Ohren dröhnte und das Trommelfell zu platzen drohte: Aufwachen! Aufstehn! In zehn Minuten draußen!"

4. Verbrechen - Strafe - Normierung: Das biografische Modell in *Belomorkanal*

4.1. Der gemeine Delinquent als Beschreibungsobjekt

Belomorkanal ist ein Sammelband von Biografien. Lebensberichte gemeiner Krimineller wechseln mit denen verdienter Ingenieure oder disziplinierter Tschekisten, Fotografien mit biografieartigen Kurztexten illustrieren den Text. Die Mehrzahl der Biografien hat eine gemeinsame Grundstruktur: An einem bestimmten Lebenswendepunkt bricht das alte Leben ab, um die Vorbereitung eines neuen zu ermöglichen. Die Lagerstrafe steht im Zentrum dieses Moments, ihr Zweck ist die gewaltsame Beendigung der Vergangenheit und der Aufbau einer neuen, "reinen" Zukunft.[125]

Der widmungsartige Titel des Buches beinhaltet Stalins Namen, den Einband schmückt das Relief eines Stalinporträts, eine Großaufnahme folgt auf den ersten Seiten, fotografische Großporträts weiterer Parteiführer folgen. Trotzdem verfolgt das Buch aber nicht die Darstellung der Mächtigen als alleiniges Ziel, vielmehr ist die Beschreibung des "kleinen" Menschen mit seiner individuellen Biografie von herausragender Bedeutung. *Belomorkanal* ist nicht nur das aufwendige Protokoll eines gigantischen Bauprojektes unter der Leitung eines "genialen" Führers, sondern ebenso ein Archiv von Dossiers über Delinquenten, gleichsam eine Ansammlung von "Dokumenten für eine fallweise Auswertung".[126]

In *Belomorkanal* erfolgt eine Erfassung des Individuums in schriftlichen Lebensläufen, das Individuum wird in das Zentrum eines Erkenntnisinteresses gestellt und die gewonnene Erkenntnis protokolliert. Nach Foucault ist die Disziplin kein ausschließlich negatives Verfahren der Machtausübung, das nur unterdrückt oder zensiert. Sie verfügt ganz im Gegenteil über sehr produktive Wirkungsseiten, indem sie um den Menschen einen Wissensapparat konstituiert. In der *Prüfung* - dem zentralen Verfahren der Disziplin[127] - verbinden sich die

---

[125] Die wenigen Biografien über Tschekisten weichen insofern von dem angedeuteten Grundmodell ab, als die Tschekisten als Kader der Ideologie ein Leben ohne "Verbrechen" im damaligen Verständnis führten. Der kausale Zusammenhang von Verbrechen, Strafe und Umwandlung trifft auf ihre Biografien nicht zu, weshalb diese in vorliegender Arbeit nicht besprochen werden.

[126] S. Foucault, 1994, S. 247

[127] Vgl. ebd. S. 238ff., ebenso Michel Foucault: *Recht der Souveränität / Mechanismus der Disziplin*, S. 90ff.. In: ders.: *Dispositive der Macht. Über Sexualität, Wissen und Wahrheit*. Berlin 1978.

Ausübung von Macht und die Formierung von Wissen, sie kombiniert die Überwachung und Normalisierung des Individuums. Eine wesentliche Bedeutung nimmt die Rolle der Schrift in diesem Verfahren ein. Die Überwachung und Normalisierung werden protokolliert und damit eine Biografie des jeweiligen Individuums produziert. In der Prüfung wird das Subjekt "in ein Netz des Schreibens und der Schrift gesteckt; sie überhäuft sie und erfasst sie und fixiert sie mit einer Unmasse von Dokumenten. Von Anfang an waren die Prüfungsverfahren an ein System der Registrierung und Speicherung von Unterlagen angeschlossen. Als wesentliches Element in den Räderwerken der Disziplin konstituiert sich eine 'Schriftmacht'..."[128]

Die Figuren in *Belomorkanal* stehen in diesem Spannungsfeld von Überwachung, Beobachtung und Protokollierung. Als kriminelle oder volksfeindliche Elemente verlieren sie ihren Status der Anonymität und werden zum Gegenstand des öffentlichen Interesses. Ein Autorenkollektiv sammelt über die zu Prüfenden und ihr Umfeld Materialien und verfasst ihre Biografien. Die porträtierten Figuren werden zu "Fällen", dem eigentlichen Ergebnis der Prüfung mit ihren Dokumentationstechniken: "Der Fall ist das Individuum, wie man es beschreiben, abschätzen, messen, mit andern vergleichen kann - und zwar in seiner Individualität selbst; der Fall ist aber auch das Individuum, das man zu dressieren oder zu korrigieren, zu klassifizieren, zu normalisieren, auszuschließen hat usw."[129] Die "Fälle" in *Belomorkanal* werden unter Einsatz von (Zwangs)Arbeit dressiert und zu "geläuterten" Gliedern der sozialistischen Gesellschaft normiert. Dieser Entwicklungsprozess wird in den Biografien vorgeführt.

In der Periode des ersten 5-Jahres-Plans kulminierte der Kult um den "einfachen Menschen", was sich deutlich in den mannigfaltigen Beschreibungen "kleiner Helden" in literarischen Arbeiten dieser Zeit widerspiegelt.[130] Insofern steht der Band *Belomorkanal* mit seiner Ansammlung von Biografien gemeiner Individuen in der literarischen Tradition dieser Zeit. Die Biografien dienen nicht der Verherrlichung oder dem Machterhalt von Repräsentanten, sondern zeichnen sich durch eine "absteigende Individualisierung" aus, dem eigentlichen biografischen Modell der Disziplinargesellschaft.[131] Zwar beinhaltet der Band *Belomorkanal* Porträts von Stalin und weiteren hohen Parteifunktionären, doch beziehen sich Zeremonien, Prunk, Heldentaten, Denkmäler - allesamt Zeichen einer "aufsteigenden Individualisierung"[132] - nicht ausschließlich auf Parteirepräsentanten,

---

[128] Vgl. Foucault, 1994, S. 243-44
[129] ebd., S. 246
[130] Vgl. Clark, 1978, S. 201f
[131] S. Foucault, 1994, S. 248
[132] ebd. S. 248.

sondern ebenso auf den gemeinen Delinquenten. Auch er erhält Repräsentationsprivilegien, wenn er durch Zeremonien gefeiert und seine Arbeitsleistung als Heldentat geehrt wird. Das Lager betreibt einen Personenkult des "kleinen" Mannes, indem die Namen verdienter Lagerinsassen der Öffentlichkeit präsentiert werden:

"В газетах были названы имена героев рабочих, мастеров (Румянцев и другие товарищи), еще раз подтвердивших своей работой, на что способны русские рабочие. Но это и так известно. Они, эти передовые рабочие, у нас не одиноки: Румянцевы на Ижорском заводе; Карташевы, Касауровы, Епифанцевы, Либхардты в Донбассе; ..." (55)

„Die Zeitungen druckten die Namen der Helden, Arbeiter und Meister (Rumjancev und andere Genossen), die mit ihrer Arbeit wiederholt bewiesen hatten, wozu russische Arbeiter imstande waren. Aber das ist auch so allgemein bekannt. Sie, diese Bestarbeiter, sind bei uns keine Einzelfälle: die Rumjancevs im Betrieb von Ižorsk; die Kartaševs, Kasaurovs, Epifancevs, Libchardts im Donbass;..."

(Belomorkanal, S. 269)

Бетонщик Ковалев на слете ударников

Der Betonarbeiter Kovalev auf einem Treffen der Bestarbeiter.

(Belomorkanal, S. 259)

Нацмен-ударник Биркимбаев со знаменем трудколлектива

Der kaukasische Bestarbeiter Birkimbaev mit dem Banner seines Arbeitskollektivs.

(Belomorkanal, S. 256)

Ударница Беломорстроя. Такая и сама строила и других проверяла

Eine Bestarbeiterin von der Baustelle am Weißmeer-Ostsee-Kanal. Solche wie sie waren am Bau beteiligt und haben gleichzeitig andere beaufsichtigt.

4.2. Biografie als organisierte Entwicklung

Zur Verdeutlichung des einheitlichen biografischen Modells in *Belomorkanal* soll zunächst auf eine einzelne Biografie eingegangen werden, die aufgrund ihrer Stilisierung als "Gegen-" oder "Antibiografie" in Opposition zu allen weiteren Lebensläufen steht und zugleich als Anklage gegen die Strafpraxis in den kapitalistischen Ländern zu verstehen ist. In dem Kapitel *Buržuaznye tjur'my i lagerja. Raspisanie pytok (Die bürgerlichen Gefängnisse und Lager. Foltermethoden)* wird folgender Lebenslauf vorgestellt:

"В 1876 году мальчик по имени Помрой убил товарища. Его посадили в одиночную камеру. Ему было 14 лет. Через два года у него появились первые мысли о женщинах. Через три года у него появилась первая борода. Через четыре года ему переменили платье — он рос. Он ничего не знал о войнах, о революциях, об автомобилях, о кинематографах, об авиации, о радио. Потом состарился и умер. Его зарыли в 1932 году на тюремном кладбище. Он прожил 56 лет в одиночке." (37)

„1876 erschlug ein Junge namens Pomroy einen Kameraden. Mit 14 Jahren wurde er in eine Einzelzelle gesperrt. Nach zwei Jahren begannen seine Gedanken sich um Frauen zu drehen. Nach drei Jahren wuchs der erste Bartflaum. Nach vier Jahren erhielt er neue Kleidung - er wuchs. Er wußte nichts von Kriegen, Revolutionen, Autos, der Kinematografie, Flugzeugen, dem Radio. Er wurde alt und starb. 1932 wurde er auf dem Gefängnisfriedhof begraben. 56 Jahre lang lebte er in Einzelhaft."

Das straffällige Individuum wird von seiner frühen Jugend bis zu seinem Tod total isoliert. Seine Biografie verläuft abgetrennt von allen politisch-gesellschaftlichen und medialen Ereignissen und Veränderungen ausschließlich hinter Gefängnismauern. Dadurch wird seine biologische und geistige Entwicklung negativ manipuliert: Körperliche Bedürfnisse können nicht ausgelebt, eine geistige Entwicklung aufgrund zurückgehaltener Information erst gar nicht aufgebaut werden. Der Mensch stirbt als greises Kind. Der bourgeoise Strafvollzug produziert "Anti-Biografien", indem er das wahnsinnige Individuum produziert. Der Delinquent steht außerhalb jeder Zeitvorstellung, befindet sich in lebenslanger Isolation und ist damit in eine ewige Gegenwart eingesperrt. Seine Existenz verläuft ohne Übergänge oder spürbare Unterbrechungen:

"Большинство пожизненно заключенных в буржуазных тюрьмах кончают сумасшествием. Слово «никогда» сводит с ума. Потом, как говорит директор одной из тюрем, у вечника наступает второй период. Период надежды. Он выздоравливает. Он надеется. Он надеется в течение 15—20 лет. Он ведет себя все это время безукоризненно. Он уже взрослый мужчина или старик. И вот он подает прошение о помиловании. Приходит ответная бумага. В ней написано одно слово: «Отказать». Заключенный снова сходит с ума. Он умирает сумасшедшим стариком." (38)

„Die Mehrheit aller lebenslänglich Verurteilten endet in den bürgerlichen Gefängnissen im Wahnsinn. Das Wort 'niemals' raubt einem den Verstand. Dann, so berichtet der Leiter eines Gefängnisses, tritt der lebenslänglich verurteilte Gefangene in eine zweite Phase ein: die Zeit der Hoffnung. Seine Gesundheit verbessert sich. Er hofft. 15-20 Jahre lang nährt er sich von seiner Hoffnung. In dieser Zeit ist sein Betragen einwandfrei. Er ist bereits ein erwachsener Mann oder Greis. Dann reicht er ein Gnadengesuch ein. Die Antwort trifft ein. Sie besteht aus einem Wort: 'Abgelehnt'. Wieder verliert der Häftling den Verstand. Als wahnsinniger Greis stirbt er."

Der westliche Strafvollzug trägt in dieser Darstellung Auswüchse einer Machtform, die dem modernen Lager zu eigen ist.[133] Der Inhaftierte "verliert" gewissermaßen seine Biografie, da seinem Leben keine verbindlichen Ereignisketten mehr zugrunde liegen. Zeitkategorien wie Anfangs- und Endpunkt, Wechsel und Dauer, Handlungszeiten und Pausen verschwinden. Der Mensch wird seines inneren Zeitbewusstseins verlustig, die reine Dauer vernichtet die Sinnhaftigkeit seines Lebens und damit auch den Menschen selbst: seine ausgesetzte Biografie lässt ihn wahnsinnig werden.

Der Mehrheit der in *Belomorkanal* präsentierten Biografien hingegen liegt ein spezifischer Entwicklungscharakter zugrunde. Vergleicht man die Biografien hinsichtlich ihrer inneren Struktur, so lässt sich ein einheitlicher zeitlicher und inhaltlicher Aufbau feststellen. In verschiedenen Modifikationen haben alle Lebensläufe ein bestimmtes Grundmuster gemeinsam, das im folgenden tabellarisch vorgestellt werden soll:

Person	**Kindheit/Jugend**	**Leben vor Lager**	**Leben im Lager**
Podgorskaja (35, 90)	mit 3 Jahren Vollwaise; Heim	in Beziehung geschlagen und vergewaltigt; Prostitution; Diebstahl	Bestarbeiterin
Jurceva (223ff)	mit 5 Jahren Vollwaise; wechselnde Vormunde	Vandalismus; häufige Strafen und Fluchtversuche	Bestarbeiterin; gründet eigene Brigade

133 Vgl. Wolfgang Sofsky: *Die Ordnung des Terrors: Das Konzentrationslager.* Frankfurt a. M. 1999³, S. 88ff.

Volkov (96)	- -	Diebstahl; Haft auf den Solovki; mehrere Fluchtversuche	Vorsitzender von Arbeitskollektiv
Rottenberg (324ff)	aus armer Familie; Vater spielt und prügelt	Betrügereien; häufige Haftstrafen im In- u. Ausland; Fluchtversuche	Erzieher; erhält Auszeichnung
Maslov (74ff)	- -	Ingenieur; Mitglied einer "schädlichen Organisation"	Auszeichnung für bedeutende Verdienste
Vjazemskij (58ff, 196f)	aus bourgeois-intellektueller Familie	Ingenieur; Kontakt zu "schädlicher" Organisation	Auszeichnung für bedeutende Verdienste

Alle Lebensläufe sind nach dem Modell "Verbrechen - Strafe (Lagerhaft) - Wandlung (Normierung)" strukturiert.

In den Biografien der Kriminellen liegen die Ursachen der Verbrechen meist in der Kindheit. Der Vater oder beide Elternteile sterben, die Kinder sind auf sich allein gestellt, müssen aus sozialer Not arbeiten bzw. stehlen. Sie verbringen ihr Leben in Heimen, aus denen sie fliehen oder ausgeschlossen werden, geraten in "Liebesbeziehungen", in denen sie ausgebeutet werden. Wegen Prostitution, Diebstahl oder Mord werden sie häufig verhaftet und bestraft, doch zeigen die Strafformen keine dauerhafte Wirkung, sie verändern den Menschen nicht. Erst im BelBaltLag nehmen sie nach anfänglicher Weigerung oder demonstrativer Teilnahmslosigkeit an den Arbeitseinsätzen teil und finden dadurch zu sich selbst. Sie werden zu Bestarbeitern, gründen eigene Arbeitsbrigaden, verdienen sich Auszeichnungen und schwören ihrer verbrecherischen Vergangenheit ab. Der Bruch in ihren Biografien verdeutlicht sich durch die entschiedene Distanzierung der Kriminellen von ihrer eigenen früheren Lebensweise und der enthusiastischen Teilnahme am Bauprojekt. Der in *Belomorkanal* dargestellte Lageraufenthalt und die mit ihm verbundene Zwangsarbeit erscheinen nicht als willkürliche Bestrafung, vielmehr führt die Lagerstrafe einen neuen, entscheidenden Lebensabschnitt in die Biografie ein: es entsteht der "umgeschmiedete", neue Mensch.

Der Lebenslauf der inhaftierten Ingenieure verläuft nach demselben Schema, auch sie führten eine "verbrecherische" (=konterrevolutionäre) Lebensweise, aufgrund derer sie inhaftiert und anschließend durch die Lagerstrafe gewandelt werden. Der Unterschied in ihren Biografien besteht nur in der Verschiedenheit ihrer Herkunft und "Verbrechen". Die Ingenieure mussten sich nicht als verlassene Halbwüchsige durch ihr Leben schlagen, sondern sind in ein konterrevolutionäres Milieu hineingeboren worden.

Indem das Lager den neuen Menschen produziert, nimmt die Lagerstrafe eine kathartische Funktion ein. Ein Höhepunkt dieses Läuterungsprozesses ereignet sich nach Beendigung des Bauprojektes während einer letzten großen Zusammenkunft aller Bestarbeiter. Die "umgewandelten" Menschen treffen auf ihre eigene, neue Biografie in Form ihrer Porträts, die von ihnen im Lager als Auszeichnung angefertigt wurden. Mit großem Respekt schauen sie auf die Bilder wie in einen Spiegel und erfahren über den Blick in das eigene, gemalte Gesicht eine erlösende Wertschätzung:

> "(Мы)... различаем нечто новое, особое, свойственное беломорстроевцам. Биографии этих людей исправлены, очищены, дополнены.
>
> Люди ходят по залу и по комнатам клуба, рассматривая фотографии и портреты, висящие по стенам. На фотографиях изображены они сами.
>
> Скальщик из коллектива «Красная трасса» и бетонщик из коллектива «Успех пятилетки» с уважением рассматривают собственные портреты. Портреты героичны, резко освещены, огромные лица сняты в гордых ракурсах. Скальщик и бетонщик значительно перемигиваются. Уважение к себе— новая и непривычная для них вещь, но они притворяются, что им это нипочем." (384)

> „(Wir)... beobachten etwas Neues, Besonderes, das man in dieser Form nur bei den Bauarbeitern des Weißmeer-Ostsee-Kanals findet. Die Biografien dieser Leute sind berichtigt, bereinigt, vervollständigt.
>
> Die Leute laufen durch den Saal und die Klubräume, schauen sich die Fotografien und Porträts an den Wänden an. Auf den Fotografien sind sie selbst dargestellt.
>
> Der Felsarbeiter aus der Brigade 'Rote Trasse' und der Betonarbeiter aus der Brigade 'Erfolg des Fünfjahrplans' schauen sich voller Achtung ihre eigenen Porträts an. Heroische Porträts, grell ausgeleuchtet, riesige Gesichter, aufgenommen aus nächster Nähe. Der Fels- und der Betonarbeiter zwinkern sich bedeutungsvoll zu. Die Achtung vor sich selbst ist für sie neu und ungewohnt, aber sie tun so, als ob es sie nicht berühren würde."

Die Organisation menschlicher Entwicklungen endet keineswegs mit dem Abschluss des Bauprojektes. Die Lagermacht plant die Häftlinge bereits vor Vollendung des Kanalprojektes für weitere Einsätze auf zukünftigen Großbaustellen ein. Im Lager wird dem Häftling anerzogen, die Perspektive des eigenen Lebens für viele Jahre im voraus zu bestimmen ("В лагерях научились строить перспективу собственной жизни на многие годы." /375/ [„In den Lagern lernten sie, sich eine eigene dauerhafte Lebensperspektive aufzubauen"]). Die Biografien der Kriminellen und Ingenieure aus *Belomorkanal* werden auch in

Zukunft parallel weiterlaufen, gemeinsam werden sie weitere Kanäle planen und bauen und damit der Entwicklung des Sozialismus dienen. Ihre im BelBaltLag erworbenen Lebenserfahrungen werden in eine einzige, kollektive Biografie fließen:

"Отъезжающие стараются не забыть о времени «заключения», стремятся сохранить методы и формы внутренней организации человеческого коллектива, деловитое и внутренне-цельное жизнеощущение, приобретенное в обстановке борьбы за канал.
Мечтая о будущей работе, они хотят и там, на новых стройках, сохранить свое коллективное беломорстроевское лицо ... ." (374)

„Die Heimkehrer bemühen sich, die "Haft"zeit nicht zu vergessen, die Methoden und Formen, die der Organisation des Kollektivs dienen, und das tatkräftige, innerlich ausgeglichene Lebensgefühl, das beim Kampf für den Kanal erworben wurde, zu bewahren. Sie träumen von ihrer künftigen Arbeit auf neuen Baustellen, auch dort wollen sie ihr kolletives Gesicht, geprägt vom Bau des Weißmeer-Ostsee-Kanals, bewahren... ."

Am Ende dieser Entwicklung steht der normierte Mensch, dessen Biografie in eine weite Zukunft „vorausorganisiert" wird. Selbst die Konservierung der neuen Biografien ist schon eingeplant. Auf der letzten Zusammenkunft aller Bestarbeiter wird beteuert, dass ihre Lebensläufe selbst den kommenden Generationen noch im Gedächtnis bleiben werden:

"Мы немало наделали чудес. Про нас здесь будут складывать легенды, про нас споют песни..." (268)

„Wir haben viele Wunder vollbracht. Über uns wird man Legenden erzählen und Lieder singen ..."

5. Strafe als Heilung

Im letzten Kapitel von *Belomorkanal* fasst Gor'kij den Inhalt des Werkes folgendermaßen zusammen:

> "Эта книга рассказывает, как лечили и вылечили социально-больных; как врагов пролетариата перевоспитали в сотрудников и соратников его. Тема—огромной и глубочайшей значительности." (402)

> „Dieses Buch erzählt davon, wie die gesellschaftlich kranken Elemente gepflegt und geheilt wurden; wie die Feinde des Proletariats zu dessen Mitarbeiter und Mitstreiter umerzogen wurden. Ein Thema von ungeheurer und bedeutendster Tragweite."

Ein Sinnzusammenhang zwischen Verbrechen als Krankheit und Strafe als Heilung von derselben entsteht, das Lager nimmt den Charakter einer Heilanstalt an. Vor diesem Hintergrund eröffnet sich noch eine weitere Lesart dieses Textes, die das Buch *Belomorkanal* als eine gigantische Kranken- und Therapiegeschichte entschlüsselt, in der die Lagerstrafe Formen eines therapeutischen Heilungsprozesses annimmt.

Zunächst soll auf eine mögliche Verwandtschaft von Lager und Heilanstalt eingegangen werden. Goffman verdeutlicht eine solche Verbindung mit dem Begriff der "totalen Institution": Die totale Institution "lässt sich als Wohn- und Arbeitsstätte einer Vielzahl ähnlich gestellter Individuen definieren, die für längere Zeit von der übrigen Gesellschaft abgeschnitten sind und miteinander ein abgeschlossenes, formal reglementiertes Leben führen."[134] Als totale Institution zählen nach dieser Definition einerseits Anstalten zur Fürsorge des Menschen (Sanatorien, Heime etc.), aber auch solche "zum Schutz der Gemeinschaft vor Gefahren" (Gefängnis, Konzentrationslager, etc.). Konzentrationslager und psychiatrische Kliniken z.B. besitzen gemeinsame zentrale Merkmale der totalen Institution[135]:

---

[134] S. Goffman, 1973, S. 11

[135] Vgl. ebd. S. 16ff.

Goffman fasst unter dem Begriff "totale Institution" 5 Gruppen zusammen: Anstalten zur Fürsorge unselbständiger, harmloser Menschen (Blindenheime, Armenasyle, ...), zur Fürsorge von Menschen, die unfähig sind, sich selbst zu versorgen, und außerdem eine Bedrohung darstellen (Leprosorien etc.), Institutionen zum Schutz der Gemeinschaft vor Gefahren, die man für beabsichtigt hält (Gefängnis etc.); Anstalten, die angeblich darauf abzielen, bestimmte arbeitsähnliche Aufgaben besser durchführen zu können (Kasernen, Schiffe etc.) und schließlich Anstalten, die als Zufluchtsorte vor der Welt dienen (Klöster etc.).

- Alle Phasen des Arbeitstages werden exakt geplant und richten sich nach einem vorbestimmten Zeitplan.
- Die Abfolge der Tätigkeiten bestimmt ein System von Regeln, das ein Stab von Funktionären überwacht.
- Der gesamte Lebenslauf bewegt sich ausschließlich an einem Ort unter einer Autorität.
- Die Mitglieder der totalen Institution verrichten ihre Arbeit in direkter Gesellschaft einer großen Gruppe von Schicksalsgenossen, wobei alle die gleiche Tätigkeit gemeinsam verrichten müssen.

Eine weitere Gemeinsamkeit von Lager und Heilanstalt ist die Registrierung von Fakten über den sozialen Status und die Vergangenheit der Insassen. Diese werden in Dossiers zusammengestellt, die dem Personal jederzeit zur Verfügung stehen. Für viele totale Institutionen ist ferner typisch, dass sie sich der Öffentlichkeit gegenüber als eine Einrichtung präsentieren, die zum Nutzen der Allgemeinheit, zur Erreichung gesellschaftlich relevanter Ziele errichtet wurde. Die Besserung der eigenen Insassen wird als Berechtigung für die Existenz der Institution angeführt.[136]

Alle diese Merkmale totaler Institutionen lassen sich auf das Lager in *Belomorkanal* übertragen. Das BelBaltLag erscheint als "nützliche" Institution, sowohl für die eigentlichen Insassen, die nach einer "verbrecherischen Vergangenheit" einen Heilungsprozess erfahren, als auch für die gesamte Gesellschaft, in die "gesunde", gläubige Subjekte entlassen werden. Die Häftlinge im Lager erhalten eine "Behandlung", die der "Arbeitstherapie" oder "industriellen Therapie" aus Heilanstalten entspricht. Der Häftling/Patient muss ihm zugeteilte, meist niedere Aufgaben erfüllen. Laut Goffman ergebe sich in psychiatrischen Kliniken die Art solcher Arbeiten aus den Arbeitsbedürfnissen der Anstalt, es werde jedoch behauptet, "diese Arbeiten würden dem Patienten helfen, das Leben in der Gesellschaft wiederzuerlernen, und seine dabei an den Tag gelegte Fähigkeit und Bereitschaft seien als diagnostische Anzeichen seiner Besserung zu werten."[137] Ebenso verhält es sich in bezug auf das Lager in *Belomorkanal*: Die Arbeitsbedürfnisse der "Lageranstalt" ergeben sich eigentlich aus der Vorgabe, den Kanal schnell fertigzustellen, sie werden jedoch als therapeutische Maßnahmen präsentiert, die den Häftling in der Überwindung seiner "kranken" Vergangenheit unterstützen und ihm durch die Wiedereingliederung in die Gesellschaft zu einer persönlichen "Glückserfahrung" verhelfen:

---

[136] ebd., S. 78
[137] ebd., S. 92f

"Мы помогаем вам забыть прошлое, мы даем вам квалификацию, делаем вас слесарями, бетонщиками, монтерами. Мы возвращаем вас равноправными в дружную семью равноправных граждан. И таким образом открываем вам путь к личному счастью." (386)

„Wir helfen euch die Vergangenheit zu vergessen, wir ermöglichen euch eine Ausbildung, machen aus euch Schlosser, Betonarbeiter, Monteure. Durch uns kehrt ihr als Gleichberechtigte in die freundschaftliche Familie gleichberechtigter Bürger zurück. Auf diese Weise eröffnen wir euch den Weg zu eurem persönlichen Glück."

Das BelBaltLag praktiziert *Anstaltszeremonien*, die für psychiatrische Kliniken oder andere totale Institutionen typisch sind. So führen Kliniken Praktiken aus, die die Grenzen zwischen Personal und Insassen teilweise aufheben, Befehlsketten lockern und beide Seiten zusammenführen. Goffman zufolge drückt sich in diesen Praktiken weniger der Unterschied zwischen den beiden Rängen aus, "sondern vielmehr Einigkeit, Solidarität und gemeinsames Engagement für die Anstalt."[138]

Ebenso verwischen die Grenzen der Hierarchie zwischen Häftlingen, Wächtern und Tschekisten in *Belomorkanal*. Zwar treten die Tschekisten als eigentliche Autorität des Lagers auf, jedoch nicht als ausschließlich strafende, gewaltausübende Instanz:

"Чекисты — хозяева. Организаторы. Давно ли думал, что они умеют только арестовывать, допрашивать, высылать." (212)

„Die Tschekisten sind die Hausherren, die Organisatoren. Vor langer Zeit dachte ich, sie können nur verhaften, verhören und verbannen."

Eine Unterteilung der Lagergesellschaft in Strafende und Bestrafte wird aufgegeben zugunsten einer solidarischen Kampfhaltung aller gegen die Hindernisse, die eine Fertigstellung des Kanalbaus verzögern könnten. Selbst die Wachmannschaften durchbrechen ihre Rollenfunktion, indem sie sich mit den Lagerinsassen solidarisieren:

"Вохровцы, охраняющие скалы и машины, отложили винтовки и работают вместе с ударниками. Вот уже сброшены шинели, расстегнуты вороты, вохровцы катят тачки, вот у них уже доска показателей, и они идут к высокой норме." (284)

---

[138] ebd., S. 96

„Die für die Felsen und Ausrüstungen zuständige Wachmannschaft hat die Gewehre beiseite gelegt und arbeitet nun gemeinsam mit den Bestarbeitern. Schon haben sie die Mäntel abgeworfen, die Krägen aufgeknöpft und schieben Schubkarren. Sie haben bereits eigene Tafeln für ihre Arbeitsleistungen, und sie streben eine hohe Norm an."

Die Anstalts- oder Hauszeitung ist ein weiteres Beispiel für institutionalisierte Zeremonien. Die Artikel werden von den Anstaltsinsassen selbst geschrieben, das Personal hat jedoch die Zensurgewalt inne. Deshalb drücken die Artikel "die offizielle Auffassung von den Funktionen der Institution, die Theorie des Personals über das Wesen des Menschen, eine idealisierte Version der Insassen-Personal-Beziehungen sowie die Haltung, die der ideale Konvertit einnehmen sollte, aus; kurz, sie stellen den Standpunkt der Institution dar."[139]

In *Belomorkanal* kommt der Lagerzeitung *Perekovka* die gleiche Funktion innerhalb der Lageranstalt zu. Einerseits werden die Häftlinge dazu motiviert, selbst über sich und ihre Arbeit zu schreiben, andererseits überwacht die „Abteilung für kulturelle Erziehung im BelBaltLag" („kul'turno-vospitatel'nyj otdel BBLAGa") die Schreibenden und sorgt dafür, dass durch zahlreiche Präsentationen von Erfolgen auf den verschiedenen Bauabschnitten, von Porträts einzelner Bestarbeiter mit der genauen Angabe ihrer Leistungen, von Verordnungen der Partei etc. der offizielle Standpunkt der Institution deutlich bleibt.[140] (Vgl. 202, 272, 302f)

Den Tschekisten fallen die Rollen des Pflegepersonals und der Ärzteschaft zu. Ihnen werden die Häftlinge zur Behandlung anvertraut:

"Десятки тысяч заключенных были переданы горсточке чекистов ... И этих заключенных мы должны были перевоспитать." (386)

„Abertausende Häftlinge wurden einer Handvoll Tschekisten übergeben ... Und diese Gefangenen sollten wir umerziehen."

---

[139] ebd., S. 97f

[140] Weitere Anstaltszeremonien, die Parallenen zwischen dem BelBaltLag und psychiatrischen Kliniken aufzeigen, sind die gemeinsame Begehung von Feierlichlichkeiten (Häftlinge, Tschekisten und Parteifunktionäre "feiern" gemeinam mit Stalin die Fertigstellung des Projektes), oder auch das Anstalts-Laientheater in Kliniken und die „Agitprop-Brigaden" ("агитбригады") im BelBaltLag. Vgl. weiterhin die Ausstellung von Fotografien in Empfangshallen von Kliniken bzw. dem Lagerclub, auf denen Arbeitsabläufe "idealer" Patienten und Häftlinge abgebildet sind. (Vgl. Goffman, S. 105)

Eine völlige Abhängigkeit der Insassen von ihrem Personal drückt sich allein darin aus, dass die Tschekisten sich selbst um die kleinsten Grundbedürfnisse und das äußere Erscheinungsbild der Häftlinge kümmern müssen:

> "Ваша обязанность - накормить, одеть и обуть лагерника. Следить, чтобы он был вымыт, имел чистое белье ... Уметь расставить силы. Снабдить инженеров всем—от хорошего карандаша до теплой квартиры. Последнее особенно важно, запомните." (103)

> „Eure Pflicht ist es, dem Lagerhäftling Nahrung, Kleidung und Schuhwerk zu geben. Ihr habt darauf zu achten, daß er ordentlich gewaschen und bekleidet ist ... Ihr müßt die Kräfte richtig einteilen, die Ingenieure mit allem versorgen, vom ordentlichen Bleistift bis zur warmen Wohnung. Letzteres ist besonders wichtig, merkt euch das."

Die Arbeit der Tschekisten erschöpft sich jedoch nicht in der Stillung alltäglicher Bedürfnisse, ihre eigentliche Aufgabe besteht in der Ausarbeitung und Durchführung einer Therapie. Diese folgt letztlich dem Prinzip, den Menschen "zu seinem eigenen Glück zu zwingen". Solange der Insasse sich weigert, die ihm befohlenen Arbeiten zu verrichten (und somit ein Feind der Gesellschaft bleibt), gilt er als unselbständig und krank und muss bis zu seiner Heilung (=Normierung) betreut werden:

> "Мы в лагерях принуждаем людей, не способных самостоятельно перевоспитать себя, жить советской жизнью, толкаем их до тех пор, пока они сами не начинают делать это добровольно." (77)
> "Мы их воспитываем и направляем каждый их шаг." (79)

> „In den Lagern zwingen wir die Leute, die sich nicht selbständig umerziehen können, ein sowjetisches Leben zu führen. Wir stoßen sie so lange mit der Nase darauf, bis sie von allein darauf kommen."
> "Wir erziehen sie und lenken jeden ihrer Schritte."

An verschiedenen Stellen von *Belomorkanal* wird eine Milieutheorie des Verbrechens und der konterrevolutionären Aktivität betont. Sie geht davon aus, dass es keine "notorischen" Verbrecher gibt, weil allein die Lebensumstände den Menschen in diese Lage trieben.[141] Folglich kann es auch keine "unheilbaren"

[141] Vgl. den Auftritt des Häftlings Rottenberg vor einer Versammlung von Lagerinsassen:
"Буржуазный профессор Ломброзо говорит, что мы, преступники, уже рождены преступниками. Какая чушь. Разве могут рождаться преступники?" (324)

Fälle geben. So ermahnt Jagoda den Tschekisten Firin kurz vor dessen Abreise in das BelBaltLag:

"Мы бросаем сейчас в лагеря группу чекистов ..., чтобы как следует наладить воспитательную работу по переплавке правонарушителей в полноценных советских граждан. Запомните, что неисправимых преступников нет." (241)

„Wir entsenden jetzt eine Gruppe Tschekisten in die Lager..., damit die Erziehungsarbeit zur Umschmelzung der Rechtsbrecher in vollwertige sowjetische Bürger richtig in Gang gesetzt wird. Denkt daran, es gibt keine unverbesserlichen Verbrecher."

Die Häftlinge werden als "nicht vollwertige Bürger" bezeichnet und erhalten einen Status, der einem hospitalisierten Geisteskranken gleicht, welcher seine bürgerlichen Rechte zum großen Teil verloren hat. In totalen Institutionen gelten die Insassen generell nicht als vollwertige Erwachsene.[142] Sie müssen erst "erlernen", in ein eigenständiges Leben ohne Fremdbestimmung zurückzufinden.

In *Belomorkanal* führt ein Tschekist mit dem Häftling Rottenberg eine "Gesprächstherapie" in mehreren Sitzungen, während derer der Patient als infantiles Subjekt behandelt wird, das noch nicht reif/gesund ist, um zu "verstehen".[143]

„Der bürgerliche Professor Lombroso sagt, dass wir Kriminelle bereits als Verbrecher geboren wurden. Was für ein Unsinn. Wird man etwa als Verbrecher geboren?"

Vgl. dazu auch Foucault: "Ganz allgemein gesehen wurden die dreißiger und vierziger Jahre in der UdSSR von einem Doppel-Thema beherrscht. Erstens: Die Natur ist in sich gut, und das, was sie entstellt, ist das Ergebnis einer historischen, ökonomischen und sozialen Entfremdung. Zweitens: Es ist die Aufgabe des Menschen, die Natur zu verändern, und er kann sie verändern. Grenzenlose Güte der Natur, progressive Veränderbarkeit der Natur: dieser ideologische Block bewegte sich um alle Diskurse - um den Lyssenkos zum Beispiel." (In: *Einsperrung, Psychiatrie, Gefängnis*. Ein Gespräch zwischen Jean Pierre Faye, Michel Foucault, David Cooper, Marine Zecca und Marie-Odile Faye, S. 64. In: David Cooper u.a.: *Der eingekreiste Wahnsinn*. Frankfurt a. M. 1979.)

[142] Vgl. Goffman, 1973, S. 115

[143] Vgl. die Parallelen zwischen Wechselspiel von Tschekist und Häftling und der Atmosphäre einer psychiatrischen Praxis: "Вот он садится со мной на стулья. Мы с ним много разговариваем. Он интересуется моим прошлым. И я ему все рассказываю." (338)
„Wir setzen uns. Wir unterhalten uns lange. Er interessiert sich für meine Vergangenheit. Und ich erzähle ihm alles."

Ebenso Zoščenkos Terminologie: "И я *делаю вывод*: Роттенберг благодаря правильному воспитанию изменил свою *психику* и перевоспитал свое *сознание* ..." (342 / Hrvg. v. S.P./) „Und *ich ziehe folgenden Schluß*: durch die richtige Erziehung hat Rottenberg seine *Psyche* geändert und sein *Bewußtsein* umerzogen ... " (Hrvg. v. S.P.)

Wenn er den von ihm verlangten Gehorsam leistet, erweisen ihm seine Betreuer auch die notwendige "Fürsorge":

"Это странно. У нас все работают. У нас редко бывают такие отказы. У нас крайне спешное дело, и это удивительно, что ты отказываешься. Наверное ты чего-нибудь не понимаешь." (337) "Иди нам навстречу, а мы о тебе позаботимся." (338)

„Das ist merkwürdig. Bei uns arbeiten alle. Nur selten erhalten wir solche Absagen. Unsere Arbeit muß sehr zügig vorangebracht werden, und da verwundert es, daß du dich verweigerst. Wahrscheinlich hast du irgendetwas nicht verstanden." "Komme uns entgegen und wir kümmern uns um dich."

Wie erfolgreich die "Behandlungen" in der Lageranstalt verlaufen, verkündet der ehemalige, nun als geheilt entlassene Häftling Rottenberg selber:

"Я пробыл в лагере полтора года. И я выхожу отсюда с таким сознанием, как будто у меня не было мрачного прошлого, а есть только светлое будущее." (341)

„Anderthalb Jahre war ich im Lager. Und ich verlasse diesen Ort mit dem Bewußtsein, keine dunkle Vergangenheit, sondern nur eine helle Zukunft zu haben."

Die in diesem Kapitel verfolgte Lesart eines Textes der 30er Jahre als eine Ansammlung von Krankendossiers und die implizierte Betrachtung des Häftlings als Patienten nimmt bereits eine wesentliche Komponente sowjetischer Repressionspolitik der späteren Jahrzehnte vorweg. In "psychiatrischen Spezialkrankenhäusern" wurden sowjetische Dissidenten festgehalten, um sie "therapeutisch" behandeln zu können. Abweichende politische Vorstellungen erforderten eine "psychiatrische Behandlung", der "Andersdenkende" galt als Kranker. Foucault sieht gerade im sowjetischen Umgang mit Dissidenten eine Intensivierung des "Verwandtschaftsnetzes" von medizinischer und polizeilicher Funktion.[144] Seit Beginn des 19. Jhr. habe die Psychologie eine soziale Ordnungsfunktion wahrgenommen, diese Funktion sei immer dort hervorgetreten, "wo die 'öffentliche Hygiene' - im Sinne öffentlicher Ordnung - als besonders bedroht, d. h. durch das Verbrechen bedroht wahrgenommen wurde." Auf diesem Gebiet habe die UdSSR das Erbe angetreten.[145]

[144] Vgl. *Einsperrung, Psychiatrie, Gefängnis*, S. 60f. In: *Der eingekreiste Wahnsinn*, 1979.
[145] ebd. S. 61.

Unter Stalin wurde die Psychiatrie in gesteigertem Maße als Disziplinierungsinstrument missbraucht, geriet aber aufgrund der massenhaften Einweisungen in Lager nicht in den Mittelpunkt der öffentlichen Diskussionen.[146] Erst unter Chruščev begann man mit der Untersuchung von Internierungsfällen in "psychiatrischen Spezialkrankenhäusern", die von eigens dafür eingesetzten Kommissionen geleitet wurden. An dem Zusammenhang von Verbrechen und Krankheit hielt man jedoch weiterhin fest. Gegen Chruščevs Äußerungen über Kriminalität in einer Rede 1958 polemisierte der sowjetische Dissident V. Fainberg: "Weil es selbst in einer kommunistischen Gesellschaft 'geistig gestörte Menschen' gebe, könne die Kriminalität nicht gänzlich verhindert werden. Und da das Verbrechen in der Tat eine Abweichung von den gesellschaftlich etablierten Normen darstellt, folgte daraus, dass diesen Menschen wie Geisteskranken zu begegnen sei."[147]

Das Prinzip der "Umschmiedung" in *Belomorkanal* und die damit verbundene Forderung an den Häftling, sich ausdrücklich von seiner "verbrecherischen" Vergangenheit zu distanzieren, bilden die wesentliche Voraussetzung für seine Wiederaufnahme in die sowjetische Gesellschaft. Dieses Prinzip manifestiert sich noch Jahrzehnte später in den Reglements sowjetischer Spezialkran-

---

Vgl. ferner bzg. des Verwandtschaftsverhältnisses von Psychiatrie und Lager und dem Verschmelzen ihrer Verfahren und Ziele eine Begegebenheit, die Foucault nacherzählt und kommentiert:

"Und um 1891-92, als zahlreiche Kongresse über Kriminologie stattfinden, erklärt auf einem solchen Kongress in Petersburg ein gewisser Herr Léveillé - ein Franzose - den Russen dem Sinn nach folgendes: Wir Europäer haben ziemliche Schwierigkeiten, mit diesen Individuen umzugehen, die Kriminelle, aber vor allem Geisteskranke sind - kriminell, weil geisteskrank, und geisteskrank, insofern sie kriminell sind -, und wir wissen nicht recht, was wir mit ihnen anfangen sollen, denn wir verfügen nicht über die erforderlichen Auffangstrukturen. Aber ihr, die ihr über große Gebiete in Sibirien verfügt, ihr könntet doch sehr gut für all diese Leute, die wir verbannen, die wir nach Cayenne oder nach Neu-Kaledonien schicken, große Arbeitslager einrichten, an der Nahtstelle von Medizin und Strafe. Ihr könntet sie dazu verwenden, diese Gebiete vielversprechenden Reichtums zu erschließen . . . Der gute Léveillé hatte den GULag definiert." (ebd. S. 61).

Die Idee einer medizinisch-politisch-strafrechtlichen Verwahrung mit ökonomischer Funktion wurde geboren.

[146] Vgl. *Psychiatrie, Politik, Wahnsinn*. Ein Gespräch zwischen David Cooper, Viktor Fainberg, Jean Pierre Faye, Marine Zecca, S. 42f. In: *Der eingekreiste Wahnsinn,* 1979.

[147] ebd.

Fainberg sieht in dieser Äußerung Chruščevs das Signal zur Intensivierung der psychiatrischen Internierungspraxis in der Sowjetunion. Er selbst wurde in einer Psychiatrie festgehalten, weil seine "Krankheit" eine "Schizophrenie mit paranoidem Syndrom in Form politischer Dissidenz" sei. Das "Krankheitsbild" eines Dozenten für Marxismus-Leninismus lautete "marxistische Wahnideen und Wahrheitssucht". (ebd. S. 48) kenhäuser. Jede Form des Dissenses wird als Krankheit klassifiziert, maßgebende Instanz ist nicht die Vernunft des Arztes, sondern die offizielle Ansicht der Regierung. Das "Normale", die Normalität, wird im Interesse der Herrschenden definiert. Der Dissident wird erst dann als "geheilt" entlassen, wenn er sich zuvor von seinen politischen oder religiösen Anschauungen losgesagt hat und *"seine "Verbrechen" als Folge seiner Geisteskrankheit bekannt [hat]".*[148]

[148] ebd., S. 43 (Hrvg. im Originaltext)

6. Die Sorge um den Häftlingskörper

Anhand von Zitaten aus den Bänden *Belomorkanal* und *Ot tjurem k vospitatel'nych učreždenijam (Von Gefängnissen zu Erziehungsanstalten)* soll zunächst auf eine spezifische Art von offiziell gebrauchter Terminologie aufmerksam gemacht werden. Beide Bände verfolgen die Propagierung eines neuen, progressiven Besserungsvollzugs unter anderem durch eine betont negative Darstellung angeblicher kapitalistischer Strafpraktiken. Der Strafvollzug bourgeoiser Länder wird als gezieltes Verfahren der *Körpermisshandlung* bzw. *Körpervernichtung* stilisiert:

"Во всех буржуазных странах *бьют* заключенных." (*Belomorkanal*, 37)
"*Голод*, кандалы, религия, *пытки*." (*Belomorkanal*, 43)
"... превращение тюрьмы ... в жестокий инструмент репрессии, быстро *разрушающий силы и здоровье арестанта*, причем труд используется в качестве главного орудия подавления, приводящего к превращению человека в *полутруп* или к полному *физическому уничтожению* ... т. е. физически уничтожить или превратить в *человеческую развалину* ..." (*Ot tjurem*, 86)
"Фашистская тюрьма прямо рассчитана на то, чтобы *убивать и тело*. (*Ot tjurem*, 207)
(Alle Hrvg. v. S.P.)

„In allen bürgerlichen Ländern werden die Gefangenen *geschlagen*."
"*Hunger*, Ketten, Religion, *Folter*"
"... die Umwandlung des Gefängnisses in ein grausames Repressionsmittel, welches die *Kraft und Gesundheit des Gefangenen schnell zugrunde richtet*, wobei die Arbeit als wichtigstes Instrument zur Unterdrückung dient. Der Mensch wird dabei teilweise oder vollständig vernichtet, d.h. man *zerstört ihn* entweder *physisch* oder verwandelt ihn in ein *menschliches Wrack*."
„Das faschistische Gefängnis ist direkt darauf ausgerichtet, *auch den Körper zu vernichten*."
(Alle Hrvg. v. S.P.)

In der Darstellung des sowjetischen Lagerregimes in *Belomorkanal* hingegen fehlt der geschundene, misshandelte Häftlingskörper. Sowohl Gefangene als auch Wachpersonen betonen das Verbot, den Körper als Zielscheibe für Strafpraktiken zu missbrauchen. Der Häftling Rottenberg bezeugt seine eigene körperliche Unversehrtheit während des gesamten Lageraufenthaltes, eine Verletzung derselben wäre als Verstoß gegen das Lagerregime bewertet worden:

"Нас не только ударить — нас за руку не смели потянуть. На нас замахнуться не имели права. И если б тов. Фирин увидел, что это не так—горе тому начальнику, который не выполнил его приказания." (339).

„Man wagte es nicht, uns am Arm zu ziehen, geschweige denn zu schlagen. Sie hatten kein Recht, die Hand gegen uns zu erheben. Und wenn Genosse Firin das Gegenteil zu hören bekommen hätte – wehe dem Leiter, der seinen Befehlen nicht Folge leistete."

Die Persönlichkeit des Insassen soll laut offizieller Anweisung auch vom Wachpersonal respektiert werden, das die Gefangenen zuvorkommend zu behandeln hat:

"Научили нас начальники, что должны мы быть с заключенными вежливыми, на каждую просьбу отвечать, должны поддерживать среди каналоармейцев бодрость." (153)

„Unsere Leiter haben uns beigebracht, uns den Häftlingen gegenüber höflich zu verhalten, keine Bitte abzuschlagen und den Lebensmut der Kanalsoldaten zu erhalten."

In *Belomorkanal* lässt sich keine Szene ausmachen, in der Insassen aufgrund einer Bestrafung körperlich leiden müssen oder Schmerzen erfahren. Schlafentzug, Hunger, Durst oder andere Quellen körperlicher Leiden werden nur ansatzweise oder gar nicht erwähnt. Selbst der Häftling, der den Sinn der Arbeit zunächst lauthals in Frage stellt und deshalb in den Karzer eingeschlossen wird, erläutert nach dem Absitzen seiner Strafe mit großer Begeisterung seinen Gesinnungswandel und den Willen, eine eigene Brigade zu gründen (97).
Auch in der Darstellung von Arbeitsszenen wird der leidende, gefährdete Körper kaum erwähnt. Aufgrund fehlender Technik im BelBaltLag musste ein Großteil der teilweise äußerst gefährlichen Arbeiten per Hand ausgeführt werden, doch nur in einer einzigen Szene wird der Tod thematisiert: Während Sprengarbeiten stirbt ein Häftling, dessen Leichnam ehrenvoll in der Nähe des Kanals beigesetzt wird (S. 275). Darstellungen von Verletzungen, Verstümmlungen, Invaliden als Teil des Lageralltags werden vermieden. Einer beiläufigen Bemerkung eines Vorgesetzten ist zu entnehmen, dass Körper von Häftlingen überhaupt verletzbar sein können:

"При несчастных случаях с нацменами во время рубки леса администратор доносил: «Они (это пострадавшие) упрямы, как все кавказцы. Их приходится оттаскивать от опасных мест». (257)

„Nach Unfällen mit kaukasischen Gefangenen beim Holzfällen meldete der Verwalter: 'Sie (die Unfallopfer) sind stur wie alle Kaukasier. Man muß sie von den gefährlichen Orten förmlich wegziehen.'"

Über mögliche Deformierungen von Körpern etc. folgen keine weiteren Ausführungen. Die Schuld für die Versehrtheit des eigenen Körpers tragen die Opfer selbst aufgrund ihrer "mentalitätsbedingten Sturheit".[149]
Zwar wird darauf verwiesen, dass die auszuführenden Arbeiten nicht einfach seien (Да, конечно у нас не рай. У нас трудно. /338/ [Ja, natürlich ist hier bei uns kein Paradies. Es ist schwer bei uns.]), doch stellt sich die erwünschte Einheit von Arbeit und Körper nur als eine Frage der "Eingewöhnung" dar. Klagen und Beschwerden über strapaziöse Arbeiten erheben nur diejenigen Insassen, in denen noch nicht der innere Prozess der "Umschmiedung" begonnen hat. Sie finden zunächst keine persönliche Beziehung zu ihrer Tätigkeit, die Arbeit erscheint ihnen als sinnlos und deshalb körperlich anstrengend. Der gewandelte Insasse hingegen fühlt keine körperliche Anstrengung bzw. nimmt sie nicht als wesentlich wahr, da Schwächen und Schmerzen des arbeitenden Körpers durch eine "empfundene" Sinnhaftigkeit[150] der Arbeit kompensiert werden können:

---

[149] Vgl. ebenso eine der seltenen Benennungen körperlicher Leiden in einer Lazarettszene:

"Рядом с ним в палате узбек. Он упрямо работал в халате, отказывался от теплой одежды. Он бушевал против климата, против Беломорстроя. Теперь уговорили лечь в больницу. Он был обморожен и страшно кашлял. Когда он выздоровеет, его переведут в бригаду из нацменов-ударников." (249)

„Neben ihm im Krankenzimmer liegt ein Usbeke. Er wollte sich von seinem Kittel nicht trennen und weigerte sich warme Kleidung anzuziehen. Er lehnte sich gegen das Klima und den Kanalbau auf. Nun konnte man ihn dazu überreden, sich ins Krankenhaus zu begeben. Er hatte Erfrierungen und einen schrecklichen Husten. Wenn er wieder gesund ist, wird man ihn der Brigade der kaukasischen Bestarbeiter zuteilen."

Auch hier ist das Opfer selbst für seine Leiden verantwortlich.

[150] In der betonten Sinnhaftigkeit ihrer Arbeit liegt einer der wesentlichen Unterschiede zu Lagerdarstellungen anderer Autoren (vgl. Kap. 5.3.3.). So bemüht sich der Tschekist Berman, jedem Häftling Ziel und Sinn seiner Arbeit zu verdeutlichen:

"Тут впервые у начальника Беломорстроя появилась мысль расставить по баракам, по клубам макеты шлюзов, дамб и плотин. Пусть люди знают, что они делают. Надо их научить любить будущее." (114)

„Plötzlich hatte der Leiter des Kanalbaus die Idee, in allen Baracken und Klubs Modelle der Schleusen, Dämme und Wehre aufzustellen. Sollen die Leute doch erfahren, was sie machen. Man muss ihnen beibringen die Zukunft zu lieben."

Vgl. auch S. 127: " ... с человека только тогда можно спрашивать работу, когда он ее понимает."

„ ... man kann einen Menschen nur dann zur Arbeit anstellen, wenn er diese auch versteht."

"Люди вылезли из канала, смотрели пьяные от усталости и счастья на развороченную утробу скалы, горы кавальера и не верили, что все это сделано вот этими руками, потрескавшимися от мороза, окаменевшими от мозолей." (289)

„Die Menschen kamen aus dem Kanal herausgekrochen. Trunken vor Müdigkeit und Glück schauten sie auf den Felsen, dessen Innerstes nun nach außen gekehrt war, auf die riesige Dammkippe und konnten nicht glauben, daß sie das alles mit ihren eigenen, vom Frost aufgesprungenen und von Blasen verhornten Händen geschaffen hatten."

Auch der hungernde Körper wird nicht zum Gegenstand der Darstellung. Im BelBaltLag wandte man das Prinzip der "Kotlovka", der Fütterung entsprechend der Normerfüllung an, da man den Selbsterhaltungstrieb als ökonomischen Anreiz einsetzen wollte.[151] Man ging von einer Mindestration aus, die je nach Normerfüllung aufgestockt wurde. Zwangsarbeiten unter oft härtesten klimatischen Bedingungen ließen den menschlichen Körper jedoch allmählich auszehren, Häftlinge erreichten die vorgegebenen Normen nicht mehr und starben womöglich an den Folgen der Unterernährung. In *Belomorkanal* hingegen werden weder das Problem der Nahrungsbeschaffung noch Hunger in irgendeiner Weise thematisiert.

Statt dessen wird der Häftlingskörper zum zentralen Objekt einer "fürsorglichen" Lagermacht erhoben. So lautet der programmatische Titel eines Kapitels *Razgovor na čistotu* (*Über die Sauberkeit* / 303). Ein Repräsentant der Lagermacht appelliert vor einer Gruppe weiblicher Häftlinge an die Vernunft der Gefangenen und mahnt zur Einhaltung der Hygienevorschriften.[152] Auf einer gemeinsamen Versammlung erklären Tschekisten, Parteimitglieder und Komsomolzen die Stillung körperlicher Grundbedürfnisse sogar zur notwendigen Voraussetzung für die Realisierung des Kanalprojektes:

"Все они, хорошо знакомые с положением на месте, говорили одно и то же: «Прежде всего надо дать лагерникам жилье. Не может человек работать, когда ему негде спать, негде и не на чем сварить выданный паек»." (104)

---

[151] Vgl. Gerhard Armanski: *Der GULag - Zwangsjacke des Fortschritts*, S. 37. In: Streibel / Schafranek, 1996.

[152] Vgl. generell zur Durchsetzung von Hygienevorschriften in Strafanstalten den Aufsatz von Hannes Stekl: *„Labore et fame" – Sozialdisziplinierung in Zucht- und Arbeitshäusern des 17. und 18. Jahrhunderts.* In: Christoph Sachße / Florian Tennstedt (Hrsg.): *Soziale Sicherheit und soziale Disziplinierung. Beiträge zu einer historischen Theorie der Sozialpolitik.* Frankfurt a. M. 1986, S. 133ff.

„Sie alle, gut mit den Bedingungen vor Ort vertraut, sagten ein und dasselbe: 'Zunächst brauchen die Lagerinsassen eine Bleibe. Der Mensch kann nicht arbeiten, wenn er keinen Platz zum Schlafen hat und keine Möglichkeit, seine Essensration aufzuwärmen.'"

7. Das Lager als konstruiertes Weltmodell

Die Darstellungsperspektive von *Belomorkanal* ist insofern von besonderem Interesse, als sie die Frage nach der Authentizität der beschriebenen Ereignisse berührt. Der Wahrheitsgehalt eines Lagertagebuchs oder der Memoiren eines Lagerhäftlings, der diese Welt selbst durchlebt hat, wird in der Regel nicht in Zweifel gezogen. Das Kollektivbuch *Belomorkanal* hingegen wurde von Schriftstellern verfasst, die nicht zur Masse der Inhaftierten/Bestraften gehörten, sondern von der Partei zum Verfassen eines Auftragsberichts in das Lager eingeladen wurden.[153] Einem möglichen Vorwurf des Subjektivismus versuchen sie jedoch über ein konstruiertes Authentizitätsmodell zu entkommen. Gor'kij schreibt:

> "О процессе оздоровления социально-больных и «опасных» людей рассказывают сами они в этой книге. Но о многом, что пережито ими, они еще не в силах рассказать по очень простой, чисто технической причине: им не хватает запаса слов, достаточного для оформления разнообразных и сложных процессов «перековки» их чувств, мыслей, привычек." (13)

> „Über den Genesungsprozeß der gesellschaftlich kranken und 'gefährlichen' Menschen erzählen die Betroffenen selbst in diesem Buch. Aber viele Erlebnisse sind sie aus einem ganz einfachen, rein technischen Grund nicht imstande zu schildern: ihnen fehlen die Worte, um die unterschiedlichen und komplizierten Prozesse bei der ‚Umschmiedung' ihrer Gefühle, Gedanken und Gewohnheiten auszudrücken."

Den Häftlingen wird die Rolle des "Erzählers" zugesprochen, dieselbe jedoch gleichzeitig wieder beschränkt. Der Lagerinsasse wird als hilfsbedürftiges Subjekt stilisiert, das für eine selbständige Beschreibung seiner "komplizierten" psychischen Entwicklung nicht kompetent genug ist und daher einer Anleitung

---

[153] Ruder verweist auf ein Treffen von Schriftstellern mit Stalin 1932 in Gor'kijs Haus, das möglicherweise als "Geburtsstunde" des Buchprojektes angesehen werden kann. Stalin erklärte den anwesenden Autoren: "Your tanks won't be worth anything if the souls in them are [made of] clay. No. The production of souls is more important than the production of tanks. . . . Here someone correctly said that a writer must not sit still, that a writer must know the life of the country. And that is correct. Man is remade by life itself. But you, too, will assist in remaking his soul. This is important, the production of human souls. That's why I raise my glass to writers, to the engineers of the human soul." Ruder, 1998, S. 44 (Zitiert aus: Russian State Archive of Literature and Art (RGALI), f. 1604, op. 1, d. 21, ll. 32-33.)

zur Äußerung seines Selbst bedarf.[154] Die Funktion des kompetenten Mentors fällt den Schriftstellern zu, durch deren Unterstützung es den Häftlingen ermöglicht wird, ihren Dank für die erfahrene Umerziehung in Worte zu fassen.[155] Aufgrund dieses konstruierten "Bündnisses" von Häftling und Schriftsteller bleibt der proklamierte Authentizitätswert des Textes gewahrt: Die Häftlinge reflektieren ihre persönlichen Lagererfahrungen, indem sie diese unter der Anleitung von Schriftstellern protokollieren.

Die *Geschichte einer Umschmiedung (Istorija odnoj perekovki)* in Kapitel 12 des Bandes verdeutlicht die Problematik, die sich im Zusammenhang mit der Autorschaft von *Belomorkanal* ergibt. Das gesamte Kapitel umfasst die Biografie des Häftlings Rottenberg, der im Lager die Wandlung zu einem neuen, arbeitsliebenden Menschen durchlief. Ein Ich-Erzähler (=M. Zoščenko) führt in das Kapitel ein und berichtet von einer Versammlung ehemaliger Krimineller, der er als Beobachter beiwohnt. Er ist fasziniert von dem Ausdrucksstil, in dem sie von ihren Arbeitsleistungen berichten. In ihm habe sich noch eine ursprüngliche Reinheit der Darstellungsweise erhalten:

> "Эти речи при всей своей частью неграмотности и наивности звучали, как торжественные поэтические произведения. В них не было ни капли фальши, или выдумки, или желания ослепить начальство силой и решительностью своей перестройки." (324)

> „Bei aller Ungebildetheit und Naivität klangen diese Reden wie feierliche poetische Werke. Sie enthielten kein Tröpfchen Falschheit oder Lüge, waren nicht vom Wunsch getragen, die Leitung durch die Kraft und Konsequenz, mit der die eigene Umwandlung vollzogen wurde, zu blenden."

Auf dieser Versammlung lernt der Erzähler den Häftling Rottenberg kennen, der ihn später darum bitten wird, seine im Lager verfasste Biografie zu überarbeiten. Das weiter oben bereits analysierte Authentizitätsmodell wiederholt sich somit:

---

[154] Vgl. i.d.Z. die Rolle des Häftlings als Patienten in dem Kapitel "Strafe und Heilung" in vorliegender Arbeit, ebenso Wittes Ausführungen über den Lagerhäftling Rottenberg als "therapeutisches und zugleich sprachloses ideologisches Objekt". (Georg Witte: *Therapeutische Geschichten. Ein autobiographischer und heterobiographischer Text Zoščenkos*, S. 74. In: Klaus Städtke (Hrsg.): *Welt hinter dem Spiegel. Zum Status des Autors in der russischen Literatur der 1920er bis 1950er Jahre*. Berlin 1998, S. 61-76.)

[155] Vgl. die Rolle des Autors als "Helfer" in der frühen Sowjetunion mit Aufgabenbereichen wie z.B. Betreuung von literarischen Zirkeln, Bibliotheken, Wandzeitungen etc. für lernwillige Arbeiter, Bauern, Häftlinge. Vgl. dazu Clark, 1978, S. 198: "The writer, in other words, was to be "remade" as a journalist, technical expert, cultural worker, teacher, librarian, and public relations officer."

Der Häftling selbst ist unfähig zur endgültigen Versprachlichung bzw. Niederschrift und bedarf der Hilfe des Schriftstellers. Der Erzähler spricht ihm das Talent zum Schreiben ab, unnötige Längen und Wiederholungen würden seine Komposition verkomplizieren, so dass der Leser nur mühsam folgen könnte. Gerade diese Unvollkommenheit des Schreibens bietet dem Autor den Anlass zur Demonstration seines eigenen Talents, er schlüpft in die Rolle des feinfühligen, sprachgewandten "Retters des Textes", der diesen erst zu einem literarischen macht und gleichzeitig seine faszinierende Ursprünglichkeit bewahrt:

> "Тут была мертвая ткань, которую надо было оживить дыханием литературы. Я «причесал» эту рукопись. Но я сделал это как бы рукой самого автора. Я сохранил его язык, его стиль, его незнание литературы и собственный его характер. Это была почти что ювелирная работа.
>
> Такого рода работы мне приходилось и раньше делать. Это всегда требовало опытной руки и особого, почти актерского умения чувствовать все свойства автора." (324)

> „Das war totes Gewebe, welches mit literarischem Atem erfüllt werden mußte. Ich 'glättete' das Manuskript. Dabei ging ich so vor, als ob es von Hand des eigentlichen Autors gemacht würde. Ich behielt seine Sprache bei, seinen Stil, seine literarische Unwissenheit und seinen ureigenen Charakter. Das war fast mit der Arbeit eines Juweliers vergleichbar.
>
> Solche Aufgaben mußte ich auch schon früher erledigen. Das erforderte immer eine erfahrene Hand und ein besonderes, fast schauspielerisches Können, um alle Eigenschaften des Autors zu spüren."

Die Distanz des Autors zum Gegenstand seiner Beschreibung gestaltete sich spätestens dann zu einem generellen Problem in der Sowjetunion, als an die Literatur der Anspruch erhoben wurde, die Industrialisierung des Landes aktiv zu unterstützen. Der Autor sollte Entwicklungen in gesellschaftlichen Bereichen beschreiben, die womöglich außerhalb seines bisherigen Wahrnehmungs- und Erfahrungshorizontes lagen. Ihm musste zuerst der Zugang zu neuen Beschreibungsfeldern ermöglicht werden. Aus diesem Grunde begannen viele literarische Organisationen wie z.B. "Literaturnaja Gazeta"[156] oder "RAPP"[157], Autoren

---

[156] "Literaturnaja Gazeta (= Literaturzeitung): 1929 gegründete, wichtigste Literaturzeitung der UDSSR; 1929-32 ein Organ der Föderation der sowjetischen Schriftstellerverbände (vgl. Kasack, 1992, S. 678)

[157] "RAPP" = Rossijskaja associacija proletarskich pisatelej (Russ. Assoziation proletarischer Schriftsteller): 1928-32 führende kommunistische Schriftstellerorganisation der UDSSR (vgl. Kasack, 1992, S. 999)

in Brigaden zusammenzuschließen und sie für notwendige "Feldarbeiten" auf Kolchosen, in Fabriken oder auch in ein Lager zu schicken.[158]

Der Band *Belomorkanal* kann im Hinblick auf seine Entstehungsgeschichte als Beispiel einer "Interviewliteratur" der 30er Jahre angesehen werden. Eine Gruppe von Schriftstellern reist in ein Lager, um sich dort über die gegebenen Zustände zu informieren, mit Insassen zu sprechen, ihre Lebensgeschichten aufzuschreiben, ihre Sitzungen zu protokollieren etc. Charakteristisch für diese Literaturgattung ist die Erhebung narrativ-biografischer Interviews zur Erstellung eines interviewliterarischen Textes, dessen Material durch Befragungen und Protokollieren von Vorträgen und Sitzungen erhoben wird.[159] In einer Dokumentenmontage verbindet das Autorenkollektiv Interviews,

---

[158] Vgl. Clark, 1978, S. 195

[159] Hans J. Schröder: *Die gestohlenen Jahre. Erzählgeschichten und Geschichtserzählung im Interview: Der Zweite Weltkrieg aus der Sicht ehemaliger Mannschaftssoldaten.* Tübingen 1992, S. 43.

Schröder verweist i. d. Z. auf Sergej Tret'jakovs Werk *Den Ši-chua. Bio-interv'ju (Den Ši-chua. Biografisches Interview)*, das für die Entstehungsgeschichte des narrativ-biografischen Interviews innerhalb der für die Dokumentarliteratur wichtigen Phase der 20er und frühen 30er Jahre von grundlegender Bedeutung sei (39). Tret'jakov stellt seiner faktografischen Erzählung eine Erläuterung seiner Vorgehensweise voran:

"КАК СДЕЛАНА КНИГА

Книга «Дэн Ши-хуа» сделана двумя. Сам Дэн Ши-хуа был сырьевщиком фактов своей биографии. Я строил книгу из этого сырья, пользуясь своим запасом наблюдений, которые накопились у меня за несколько поездок в Китай, из которых самой продолжительной было полуторагодичное профессорство в Пекинском национальном университете. ... Так возникла и закрепилась мысль проточить древесину сегодняшнего Китая биографией, как жук-древоточец прогрызает балку. То было и время, когда между советскими литераторами шел яростный спор, строить ли роман на действительно существующем герое или слагать этого героя из особенностей разных наблюдаемых людей. В этом споре о «живом человеке» я был за живого «живого человека», и почетное когда-то звание сочинителя казалось мне оскорбительным, ибо означало выдумщика. ... Разглядеть и рассказать свою собственную жизнь — умение нелегкое. Привычные вещи часто невидимы. И у Дэн Ши-хуа не было этого умения, ... (Sergej Tret'jakov: *Den Ši-chua. Bio-interv'ju*, S. 7f. In: ders.: *Strana-perekrestok. Dokumental'naja proza.* Moskau 1991.)

"Wie das Buch entstand

Das Buch 'Den Ši-chua' hat zwei Autoren. Den Ši-chua lieferte den faktischen Rohstoff zu seiner Biografie. Ich baute auf dieser Grundlage das Buch auf und ließ dabei auch meine eigenen Beobachtungen einfließen, die ich während meiner Chinaaufenthalte gesammelt hatte. Mein längster Aufenthalt war mit einer anderthalbjährigen Dozentur an der Pekinger Nationaluniversität verbunden. ... Es gab eine Zeit, als unter den sowjetischen Literaten eine heftige Diskussion darüber geführt wurde, ob man für einen Roman einen Protagonisten aus dem wahren Leben verwenden, oder ob man in dieser Figur die Besonderheiten verschiedener Menschen vereinen sollte. In diesem Streit um den 'lebenden mentenmontage verbindet das Autorenkollektiv Interviews, Sitzungsprotokolle, offizielle Schriftstücke, Lagerlieder etc. und präsentiert dem Leser ein dokumentarliterarisches Werk: "Authentische" Fakten bezeugen die "sozialpädagogische" Funktion des Lagers. Mit dem von ihnen gewählten Verfahren der Montage verwenden sie ein typisches Formspezifikum der Dokumentarliteratur[160]. Gor'kij betont im Schlusskapitel den Anspruch, das Buch aufgrund seines "ungekünstelten Materials" als dokumentarliterarisches Werk zu betrachten:

"Эта книга имеет право требовать от читателя и критики внимания к ней более серьезного и глубокого, чем ко всякой другой книге, — в том числе и из написанных искуснее этой. Такого, повышенного отношения требует ее «материал» — материал совершенно исключительного социально-революционного и философского смысла." (402)

„Dieses Buch hat das Recht, von den Lesern und der Kritik mit mehr und größerer Aufmerksamkeit bedacht zu werden als alle anderen Bücher, selbst wenn diese kunstvoller sind als das vorliegende. Diese größere Aufmerksamkeit fordert das darin verwendete 'Material' ein, welches in einem ausschließlich sozialrevolutionärem und philosophischem Sinnzusammenhang steht."

Als authentisch kann jedoch nur das eigentliche "Rohmaterial" unabhängig von seiner späteren literarischen Verarbeitung betrachtet werden.[161] Zwar soll un-

---

Menschen' trat ich für den wahren 'lebenden Menschen' ein, und das ursprünglich einmal ehrenvoll gebrauchte Wort des Dichters erschien mir beleidigend, da es einen Phantasten bezeichnete. ... Sein eigenes Leben auszuleuchten und zu erzählen ist ein schwieriges Unterfangen. Die gewöhnlichen Dinge sind oft unsichtbar. Und Den Ši-chua besaß dieses Können nicht, ... "

Die Parallelen zwischen Tret'jakovs Ansatz und dem des Autorenkollektivs von *Belomorkanal* sind auffallend. Beide Seiten protokollieren ein / mehrere Individuen, das sie als "Material" behandeln. Über Gespräche gewinnen sie Fakten, die sie mit weiteren in China bzw. im Lager gewonnenen Eindrücken verarbeiten. Sowohl Tret'jakov als auch das Kollektiv entscheiden sich für den "lebenden", "authentischen" Menschen, der nicht fähig ist, sich selbst zu äußern. Beide Seiten beabsichtigen eine Demonstration von Entwicklungsprozessen und Veränderungsmöglichkeiten in Subjekt und Gesellschaft.

[160] Nikolaus Miller: *Prolegomena zu einer Poetik der Dokumentarliteratur*. Münchner Germanistische Beiträge. München 1982, S. 71ff. Vgl. auch Schröder, 1992, S. 18ff, der die Interviewliteratur als Untergattung der Dokumentarliteratur bezeichnet.

[161] Vgl. Schröder, 1992, S. 22f. Schröder weist auf die vielfältigen Möglichkeiten des Schriftstellers hin, authentische Quellen literarisch zu verarbeiten: "Der dokumentarisch arbeitende Schriftsteller kann ein Buch kommentarlos aus authentischen Vorlagen zusammenfügen, er kann authentisches Material sammeln und zu einer Reportage verarbeiten, er kann einen Re-

bestritten bleiben, dass die in dem Band *Belomorkanal* verwendeten Interviews, Briefe, Zeitungsartikel etc. tatsächlich im BelBaltLag geführt bzw. geschrieben wurden, doch ist damit noch nicht gewährleistet, dass sie die eigentliche Lebenswirklichkeit des Lagers wiedergeben. Hinweise auf Akten, Briefe, Zeitungen verdeutlichen zugleich, dass in authentischen Dokumenten immer schon eine bearbeitete, von den Beteiligten zugerichtete Wirklichkeit aufscheint.[162]

Die Darstellung *einer* Wirklichkeit bestimmte auch die Erwartungshaltung, die die Partei gegenüber den eingeladenen Autoren hegte. Verfolgt man die Entstehungsgeschichte von *Belomorkanal* genauer, wird man sogar mit einem doppelten Authentizitätsverlust des Werkes konfrontiert. Die geladenen Schriftsteller verfassen aus subjektiver Perspektive die Dokumentation einer "Lagerrealität", die zudem den zensorischen Kriterien der OGPU entsprechen musste. Die OGPU kontrollierte außer dem eigentlichen Bauprojekt die gesamte Informationspolitik über den Kanal und präsentierte der Schriftstellerdelegation ausgewählte Bereiche des Lagers. Somit unterlag der OGPU ferner die Kontrolle über die Entstehung eines literarischen Textes über das Lager, weshalb von zwei verschiedenen Arten der Zusammenarbeit an dem Werk ausgegangen werden muss: einerseits von einer kollektiven Autorschaft sowjetischer Schriftsteller, anderseits von Absprachen zwischen Schriftstellern und Vertretern der OGPU.[163]

---

portage- oder Tatsachenroman schreiben, Dokumententeile als Kontraelemente in eine fiktive, fortlaufende Romanhandlung einmontieren ...."(23f).

[162] ebd.

[163] Vgl. Ruder, 1998, S. 88, ebenso S. 100.
Womöglich kann auch von einem Zusammenhang zwischen der ungewöhnlich reichhaltigen Bewirtung der Schriftsteller und der von ihnen erwarteten Haltung zu dem Kanalprojekt ausgegangen werden. Vgl. dazu Ruder, 1998, S 50f.; vgl. ebenso Avdeenko, 1989, S. 11:

"С той минуты, как мы стали гостями чекистов, для нас начался полный коммунизм. Едим и пьем по потребностям, ни за что не платим. Копченые колбасы. Сыры. Икра. Фрукты. Шоколад. Вина. Коньяк. И это в голодный год!"

"Von dem Augenblick an, als wir die Gäste der Tschekisten waren, begann für uns der wahre Kommunismus. Wir essen und trinken soviel wir wollen, müssen für nichts bezahlen. Räucherwurst. Käse. Kaviar. Früchte. Schokolade. Wein. Kognak. Und das im Hungerjahr!"

Kapitel 5: Der Erzählzyklus *Kolymskie rasskazy (Geschichten aus Kolyma)* von Varlam Šalamov

1. Authentizität als literarisches Postulat

Im vorherigen Kapitel wurde die von offizieller Seite formulierte Bedeutung des Buches *Belomorkanal* verdeutlicht. Gor'kijs Ausführungen über das "Material" des Buches, dessen "sozialrevolutionäre" und "philosophische" Bedeutung für den Rezipienten sowie die Autoren selbst deuten den intendierten belehrenden Charakter des Buches an. Die ausführliche Beschreibung der Wandlungsprozesse, die die Häftlinge im Lager durchlaufen, dient als Illustrierung eines Menschentyps, der der ideologischen Linie entspricht: Im Lager wird der "neue" Mensch produziert, der als beispielhaftes Vorbild eines jeden Sowjetbürgers anzusehen ist.

Die Autoren von *Belomorkanal* werden ob ihres Bezugs zur "Wirklichkeit" gerühmt, der ihre literarische Arbeit maßgebend präge:

> " ... группа литераторов так организованно и на живом литературном деле встала плечо в плечо с действительностью. Совершенно естественно, что этот факт настраивает на высокий тон." (403)

> „...im Schulterschluss mit der Wirklichkeit standen die Schriftsteller gut organisiert und auf lebendigem literarischem Fundament. Diese Tatsache bedingt auf natürliche Art und Weise das Pathos in der Sprache.“

Dieser Wirklichkeit begegnen sie jedoch nur in der Rolle von Zuschauern, die in Erfüllung eines Auftrags eigene Beobachtungen verschriftlichen.

Ein diametral entgegengesetztes Verständnis von Wirklichkeitsbeschreibung formuliert Šalamov:

> "Писатель—не наблюдатель, не зритель, а участник драмы жизни, участник и не в писательском обличье, не в писательской роли. Плутон, поднявшийся из ада, а не Орфей, спускавшийся в ад. Выстраданное собственной кровью входит на бумагу как документ души, преображенное и освещенное огнем таланта. Писатель становится

судьей времени, а не подручным чьим-то, и именно глубочайшее знание, победа в самых глубинах живой жизни дает право и силу писать."[164]

„Der Schriftsteller ist kein Beobachter, kein Zuschauer, sondern ein unmittelbar am Drama des Lebens Beteiligter. Mitwirkender - jedoch nicht in seinem Äußeren oder seiner Rolle als Schriftsteller. Nicht Orpheus, der in den Hades hinabsteigt, sondern Pluto, der dieser Hölle entsteigt. Das am eigenen Leib erfahrene Leid manifestiert sich auf dem Papier als Dokument der Seele, umgewandelt und erhellt vom Feuer des Talents. Der Schriftsteller ist nicht jemandes Handlanger, sondern Richter seiner Zeit. Und dieses tiefere Wissen, der in den tiefsten Niederungen des menschlichen Lebens errungene Sieg geben ihm das Recht und die Kraft zum Schreiben.“

Im folgenden sollen anhand von Aufsätzen, Briefen und persönlichen Notizen Šalamovs sein Selbstverständnis als Autor sowie die von ihm formulierte Bedeutung von Literatur zusammengefasst werden.

Šalamov sieht sich selbst in direkter Nachfolge des russischen Modernismus, namentlich Belyjs und Remizovs, und begründet damit auch den durch "Vielschichtigkeit" ("многоплановость") und "Symbolisierung" ("символичность") geprägten Charakter seiner eigenen Erzählungen.[165] Vehement wehrt er sich dagegen, als Nachfolger der russischen Literatur des 19. Jhr. angesehen zu werden. Im 20. Jhr. empfinde der Leser nur noch tiefe Enttäuschung gegenüber der russischen klassischen Literatur. Bedingt durch den Zusammenbruch der humanistischen Werte - versinnbildlicht in den stalinistischen Lagern und den Öfen von Auschwitz - hätten Kunst und Literatur ihre gesellschaftliche Funktion eingebüßt.[166] Zwar suche der Leser weiterhin Antworten auf "ewige" Fragen ("вечные" вопросы), auf die Wechselbeziehungen von Kunst und Leben bzw. auf den Sinn des Lebens an sich, er habe jedoch die Hoffnung verloren, diese in der Belletristik zu finden. Für den Menschen des 20. Jhr. - gezeichnet von Revolution, Kriegen und Konzentrationslagern - habe der Roman als literarische Form keine Bedeutung mehr, dieses Jahrhundert sei vielmehr der „Tod des Romans“ ("Роман умер.").[167]

An die Stelle der Belletristik sei eine Memoirenliteratur getreten, die anstelle von fiktiven Lebenswelten mit künstlichen Konflikten authentische Ereignisse übermittle. Der zeitgenössische Leser bedürfe nicht der klassischen Entwicklung

---

[164] Varlam Šalamov: *O proze*, S. 365. In: ders.: *Sobranie sočinenij*. Moskau 1998, Bd. 4, S. 357-370.

[165] ders.: *Iz zapisnych knižek,* S. 155. In: Znamja, 6 / 1995, S. 134-175.

[166] ders: *O moej proze*, S. 377. In: ders.: *Sobranie sočinenij*. Moskau 1998, Bd. 4, S. 371-388.

[167] *O proze*, S. 357ff

des Sujets, der genauen Beschreibung von äußerlichen Erscheinungsformen, von Landschaften etc. Die einzige literarische Form, die den Leser des 20.Jhr. noch erreichen könne, sei die von Šalamov als "neue Prosa" ("новая проза") bezeichnete: die knappe, klare Wiedergabe eines lebensrelevanten Themas wie z.B. Sterben oder Tod.[168] In einem Brief an Solženicyn, dessen Festhalten an der traditionellen Romanform er kritisierte, definiert er den Charakter der "neuen Prosa":

"Читателю, пережившему Хиросиму, газовые камеры Освенцима и концлагеря, видевшему войну, кажутся оскорбительными выдуманные сюжеты. В сегодняшней прозе и в прозе ближайшего будущего важен выход за пределы и формы литературы. Не описывать новые явления жизни, а создавать новые способы описания. Проза, где нет описаний, нет характеров, нет портретов, нет развития характеров, — возможна. Жизнь — такой документ ... Все это должно быть не литературой, а читаться неотрывно. Не документ, а проза, пережитая, как документ."[169]

---

[168] Vgl. *O moej proze*, S. 374 und *O proze*, S. 365.

[169] Brief von V. T. Šalamov an A. Solženicyn (1966). In: *Šalamovskij sbornik*. Vologda 1994, S. 99.

Vgl. ebenso *O moej proze*, S. 380:

"Достоверность протокола, очерка, подведенная к высшей степени художественности,— так я сам понимаю свою работу. В «Колымских рассказах» нет ничего от реализма, романтизма, модернизма. «Колымские рассказы»—вне искусства, и все же они обладают художественной и документальной силой одновременно."

„Eine bis zur höchsten künstlerischen Form gebrachte Glaubwürdigkeit des Protokolls, der Skizze – so begreife ich meine Arbeit. Die ‚Geschichten aus Kolyma' sind frei von Realismus, Romantik und Modernismus. Sie stehen außerhalb der Kunst, besitzen jedoch künstlerische und dokumentarische Kraft gleichzeitig."

Šalamov wertete Solženicyns Arbeiten als Fortsetzung einer überalterten literarischen Tradition:

"Ни к какой «солженицынской» школе я не принадлежу. Я довольно сдержанно отношусь к его работам в литературном плане. В вопросах искусства, связи искусства и жизни у меня нет согласия с Солженицыным. У меня иные представления, иные формулы, каноны, кумиры и критерии. Учителя, вкусы, происхождение материала, метод работы, выводы — все другое. Солженицын — весь в литературных мотивах классики второй половины 19 века, писателей, растоптавших пушкинское знамя. А лагерная тема — это ведь не художественная идея, не литературное открытие, не модель прозы. Лагерная тема — это очень большая тема, в ней легко разместится пять таких писателей, как Лев Толстой, сто таких писателей, как Солженицын, но и в толковании лагеря я не согласен с «Иваном Денисовичем» решительно, Солженицын лагеря не знает и не понимает." (Brief von V. T. Šalamov an A. A. Kremenskij (1972). In: ders.: *Iz perepiski*, S. 151. In: Znamja, 5 / 1993, S. 110-160.)

„Ich gehöre keiner Solženicyn-Schule an. Mein Verhältnis zu seinem literarischen Werk ist eher zurückhaltend. Alle Fragen zur Kunst und zur Relation zwischen Kunst und

„Der Leser, der Hiroshima, die Gaskammern von Auschwitz und die Konzentrationslager überlebt und den Krieg erfahren hat, empfindet fiktive Sujets als Beleidigung. In der heutigen und zukünftigen Prosa müssen die Grenzen und Formen der Literatur überschritten werden. Keine neuen Lebensformen müssen beschrieben, sondern neue Beschreibungsformen geschaffen werden. Eine Prosa ohne Beschreibungen, Charaktere, Porträts oder Charakterentwicklungen ist möglich. Das Leben stellt ein solches Dokument dar ... Das darf keine Literatur sein und muss trotzdem fesseln. Kein Dokument, sondern Prosa, als Dokument erlebt."

Šalamov geht von dem Bild eines Rezipienten aus, der aufgrund seiner persönlichen Erfahrungen einen klaren Wirklichkeitsbezug der Literatur einfordere:

"Сегодняшний читатель спорит только с документом и убеждается только документом. У сегодняшнего читателя есть и силы, и знания, и личный опыт для этого спора. ... На наших глазах меняется вся шкала требований к литературному произведению, требований, которые такая художественная форма, как роман, выполнить не в силах."[170]

„Der moderne Leser disputiert nur mit dem Dokument und lässt sich nur von diesem überzeugen. Der moderne Leser verfügt über die nötige Kraft, Kenntnis und persönliche Erfahrung, um in einen solchen Disput zu treten. ... Vor unseren Augen vollzieht sich ein Wertewandel, der die Anforderungen an ein literarisches Werk formuliert. Anforderungen, die eine Kunstform wie die des Romans nicht erfüllen kann."

Šalamovs betont distanzierte Haltung zu Vertretern der russischen klassischen Literatur, insbesondere zu Tolstoj, erklärt sich vor allem durch seine Weigerung, Kunst und Literatur eine "Lehrkraft" ("учительная сила") zuzuschreiben, die den Menschen "veredelt" oder "verbessert". Kunst und Literatur forderten einzig die Entsprechung von Handlung und gesprochenem Wort. Der Autor rege als lebendes Beispiel zur Nachahmung an - nicht unbedingt auf künstlerischem Ge-

---

Leben beantworten Solženicyn und ich auf verschiedene Weise. Ich folge anderen Vorstellungen, Formeln, Kanons, Götzen und Kriterien. Wir haben verschiedene Lehrer, Geschmäcker, Arbeitsmethoden und Schlüsse, beziehen unser Material aus verschiedenen Quellen. Solženicyn ist in den klassischen literarischen Motiven der zweiten Hälfte des 19. Jahrhunderts verhaftet. Jener Schriftsteller, die das Puškinsche Banner mit Füßen getreten haben. Das Lagerthema ist jedoch keine künstlerische Idee, keine literarische Offenbarung, kein Prosamodell. Das Lagerthema ist sehr umfangreich. Mit Leichtigkeit finden darin fünf Schriftsteller vom Format eines Lev Tolstoi und hundert Schriftsteller von dem eines Solženicyn Platz. Auch in der Interpretation des Lagers widerspreche ich dem Buch ‚Ein Tag aus dem Leben des Ivan Denisovič' kategorisch. Solženicyn kennt und versteht das Lager nicht."

[170] *O proze*, S. 358

biet, aber auf jedem beliebigen anderen. Allein darin liege eine moralische Aufgabe der Literatur. Auf keinen Fall komme ihr die Funktion zu, den Menschen zu unterrichten, da dies eine Einmischung in fremde Angelegenheiten bedeute. Der Schriftsteller habe sich auf sein eigenes Inneres zu beziehen und nicht den Leser anzuleiten.[171] Deshalb enthielten die *Kolymskie rasskazy* keine Be- oder Verurteilungen, sondern hätten eine reine Aufklärungsfunktion. Šalamov untersucht nach eigenen Worten "psychologische Gesetzmäßigkeiten" ("психологические закономерности"), die in einer Gesellschaft entstehen, in der ein Mensch alle menschlichen Eigenschaften verliert. Dieser Prozess verläuft unter Bedingungen, deren Beschreibung Šalamov als die Pflicht eines jeden Überlebenden der Lagerwelt in Kolyma bezeichnet.[172] Šalamov bewertet Kolyma und Auschwitz als die Schlüsselbegriffe, die die "Erfahrung" des 20. Jhr. charakterisierten, und sieht sich selbst dazu befähigt, diese "Erfahrung" zu *zeigen* ("я в силах этот опыт закрепить и *показать*.").[173] In bezug auf *Kolymskie rassazy* spricht er auch von einer "*Fotografie* der Vernichtungslager" ("*Фотография* лагерей уничтожения").[174] Der Leser soll nicht belehrt, sondern informiert werden, er soll *wissen*, was Menschen widerfahren kann, und *eigene* Schlussfolgerungen daraus ziehen:

> "Я пишу для того, чтобы люди знали, что пишутся такие рассказы, и сами решились на какой-либо достойный поступок — не в смысле рассказа, а в чем угодно, в каком-то маленьком плюсе."[175]
>
> "И еще — в «Колымских рассказах» нет осуждения. Моральные барьеры отодвинуты, нравственные масштабы смещены. Все это надо было показать людям, не знающим этого страшного мира."[176]

„Ich schreibe, damit die Menschen erfahren, dass solche Erzählungen geschrieben werden und sich dann selbst für die eine oder andere würdige Tat entscheiden, nicht im Sinne der Erzählung, sondern in jedem beliebigen Sinne, in einem kleinen positiven Ansatz.

Und noch etwas: in den ‚Geschichten aus Kolyma' fehlt jede Form der Verurteilung. Moralische Barrieren wurden beseitigt, ethische Dimensionen vermischt. Das alles musste jenen Menschen, die diese schreckliche Welt nicht kannten, gezeigt werden."

---

171 *Iz zapisnych knižek*, S. 148, 153

172 Brief von V. T. Šalamov an G.G.Demidov (1965). In: *Iz perepiski*, S. 145

173 Brief von V.T. Šalamov an A. A. Kremenskij (1972). In: *Iz perepiski*, S. 153 (Hrvg. von S.P.)

174 ebd. S. 155 (Hrvg. von S. P.)

175 *Iz zapisnych knižek*, S. 145

176 Brief von V. T. Šalamov an F. A. Vigdorova (16.6.1964). In: *Iz perepiski*, S. 133

Für Šalamov verkörpert die Lagerrealität eines der zentralen Themen der Literatur des 20. Jhr.,[177] jedoch zweifelt er generell an einer möglichen Beschreibbarkeit bzw. Versprachlichung dieses Themas. Einen Großteil seiner eigenen Arbeit hält er für unvollendet, selbst die nach seinem eigenem Empfinden am besten gelungenen Erzählungen seien wegen ihrer Zugänglichkeit letztlich nur ein oberflächliches Werk ("все это лишь поверхность, именно потому, что доступно описано" [„Das alles ist oberflächlich, da es für jedermann zugänglich beschrieben ist.“]).[178] Šalamov fühlt sich dazu gezwungen, in einer Sprache zu schreiben, die für eine Versprachlichung seiner "primitiven Gefühle und Gedanken in jenen Jahren" eigentlich völlig unzulänglich sei.[179]

Mit dem Versuch, die Außergewöhnlichkeit eigener Lagererfahrungen in Sprache zu fassen, stellt sich für Šalamov und generell für jeden ehemaligen Lagerhäftling die Frage, ob traumatische Erlebnisse überhaupt noch mit den begrenzten sprachlichen Möglichkeiten beschreibbar sind. Reiter weist darauf hin, dass eine Mitteilbarkeit solcher Erfahrungen zu einem generellen Problem des ehemaligen Lagerinsassen werde, da die Sprache seiner individuellen Erfahrung eine entsprechende Adaptierung zur Intersubjektivität verlange, um überhaupt im Akt einer Mitteilung funktionieren zu können.[180] Schreiben beinhaltet jedoch nicht nur die Intention, mit Hilfe der Versprachlichung das eigene Erleben einem Rezipienten zu vermitteln. Im Akt des Schreibens sieht Šalamov ebenso die Möglichkeit, sich mit seinen traumatischen Erlebnissen[181] auseinanderzusetzen und sie zu bewältigen:

---

[177] Brief von V. T. Šalamov an A. A. Kremenskij (1972). In: *Iz perepiski*, S. 155

[178] *Iz zapisnych knižek*, S. 155

[179] Varlam Šalamov: *Vospominanija*, S. 127. In: Znamja, 4 / 1993, S. 114-170.

[180] S. Reiter, 1995, S. 23. Vgl. ebenso Kröhle, 1989, S. 70ff. sowie Moll, 1987, S. 103ff.

[181] Vgl. auch *Iz zapisnych knizek*, S. 150: "Я просто болен, болен тяжело душевно." "Ich bin einfach krank, schwer seelisch krank."

Zur Traumatisierung von ehemaligen Lagerhäftlingen vgl. *O proze*, S. 361:

"Существенно для «Колымских рассказов» и то, что в них показаны новые психологические закономерности, новое в поведении человека, низведенного до уровня животного ... новое— несмотря на огромную литературу о тюрьмах и заключении.

Эти изменения психики необратимы, как отморожения. Память ноет, как отмороженная рука при первом холодном ветре. Нет людей, вернувшихся из заключения, которые бы прожили хоть один день, не вспоминая о лагере, об унизительном и страшном лагерном труде. "

„Eine weitere wesentliche Eigenschaft der ‚Geschichten aus Kolyma' besteht darin, dass neue psychologische Gesetzmäßigkeiten aufgezeigt, neue Seiten im Verhalten eines auf das Niveau eines Tieres erniedrigten Menschen aufgedeckt werden ... das ist neu, ungeachtet der umfangreichen Literatur zu Gefängnissen und Gefangenschaft.

"Каждый рассказ, каждая фраза его предварительно прокричана в пустой комнате — я всегда говорю сам с собой, когда пишу. Кричу, угрожаю, плачу. И слез мне не остановить. Только после, кончая рассказ или часть рассказа, я утираю слезы."[182]

„Jede Erzählung, jeder Satz wurde zuerst ins leere Zimmer geschrieen. Ich führe immer Selbstgespräche, wenn ich schreibe. Ich schreie, drohe, weine. Ich kann die Tränen nicht aufhalten. Erst später, wenn ich die Erzählung oder Teile von ihr beendet habe, wische ich die Tränen weg.“

Diese psychischen Veränderungen sind irreversibel, vergleichbar mit Erfrierungen. Die Erinnerung stöhnt auf, ähnlich der erfrorenen Hand beim ersten kalten Windhauch. Niemand, der aus der Gefangenschaft zurückkehrte, kann auch nur einen Tag verbringen, ohne sich an das Lager sowie die erniedrigende und furchtbare Arbeit zu erinnern.“

[182] *O moej proze*, S. 383.
Zur Charakterisierung von Šalamovs Schreibprozessen vgl. auch M. Zolotonosov:

"Итак, объявленная ценность сочинения —в том, что оно выражает *сверх* желания автора, независимо от его сознательного намерения. И именно эту предельно объективную материю ценит в своей «*сверхпрозе*» Шаламов. Отсюда особый процесс писания — самопровокация: заставить себя высказать нечто вне литературно оформленного намерения, вне штампа, уже сидящего в сознании: 'КР — фиксация исключительного в состоянии исключительности... Обстоятельства жизни тут не вспоминаются, просто существует боль, которую надо снять...'" (Hrvg. i. Orig). In: Michail Zolotonosov: *Posledsvija Šalamova*, S. 177. In: *Šalamovskij sbornik*, 1994, S. 176-182.

„Somit besteht der erklärte Wert des Geschriebenen darin, dass er den *Über*wunsch des Autors, unabhängig von seinem bewussten Vorhaben, ausdrückt. Und eben diese begrenzt objektive Materie schätzt Šalamov an seiner ‚*Überprosa*'. Hieraus lässt sich ein besonderer Schreibprozess herleiten, die Autoprovokation: man zwingt sich, etwas außerhalb des literarisch formulierten Vorhabens, außerhalb des im Bewusstsein verankerten Klischees zu formulieren. Die ‚Geschichten aus Kolyma' sind eine Fixierung der Ausnahme in einem Ausnahmezustand... Hierbei werden nicht die Lebensumstände erinnert; es existiert nur der Schmerz, der Linderung sucht.“

2. Terror und die Transformation der Disziplin

In dem Kapitel 4.3 der vorliegenden Arbeit wurde anhand einer Reihe von Foucaultschen Diskursbegriffen eine mögliche Lesart von *Belomorkanal* vorgestellt. Dieser Text ist Teil eines öffentlich geführten Strafdiskurses und präsentiert eine der offiziellen Ideologie gemäße Darstellung eines sowjetischen Arbeitslagers. Auch Šalamovs Erzählzyklus *Kolymskie rasskazy* ist ein literarisches Beispiel eines in der Sowjetunion geführten Diskurses über Strafe, der jedoch bis zu Beginn der Perestrojka nur auf einer inoffiziellen Ebene geführt werden konnte. Die für eine Interpretation von *Belomorkanal* anwendbaren Diskursbegriffe (vgl. Kap. 4.2) eignen sich erst in einer modifizierten Form für eine Lesart von Šalamovs Texten. Die Verfahren der Disziplin üben eine Wirkungsmacht auf Individuen aus, die der von Šalamov beschriebenen Lebensrealität von Lagerinsassen zuwiderläuft. Eine Organisation von Entwicklungen, die Förderung der Nützlichkeit des Individuums, die Dressur desselben innerhalb eines leistungsfähigen Apparats etc. finden in der Lagerwelt der *Kolymskie rasskazy* keine entsprechende Realisierung.

Im folgenden soll zunächst geklärt werden, inwieweit das Lager überhaupt als eine Disziplinaranstalt angesehen werden kann. Daran anschließend wird eine Modifizierung der bisher verwendeten Diskursbegriffe vorgestellt.

In *Überwachen und Strafen* nimmt Foucault auf Zwangsarbeits- oder Konzentrationslager als mögliche Formen der Einschließung keinen Bezug. Zwar beschreibt er das *Militär*lager[183] mit seiner gegliederten Kontrolle und Sichtbarmachung seiner Insassen als ideales Muster späterer "Observatorien", die zur Überwachung von Delinquenten, Patienten etc. erbaut wurden, doch konzentriert er sich in seiner Arbeit im wesentlichen auf die Etablierung des Gefängnisses als Institution der Einschließung. Dieses bezeichnet er als eine "Gesamtdisziplin", als eine "nüchterne Konzentration aller Disziplinen", die die Prozeduren der anderen Disziplinaranlagen auf ihre äußerste Spitze treibt.[184] Das Gefängnis ist ein Apparat, der in sich die Prozeduren anderer Disziplinaranlagen konzentriert und verfeinert.

Das Lager ist ebenso wie das Gefängnis eine Institution der Isolierung. Allerdings ist das Lager ein Machtsystem, das zwar wie andere Disziplinarapparate mittels der Verfahren der Disziplin auf das Individuum zugreift, dieses aber

---

[183] Vgl. Foucault, 1994, S. 221ff.
[184] ebd. S. 301f., S. 328

terrorisiert und sogar liquidiert. Daher kann das Lager nicht einfach in die Tradition der Disziplinarinstitutionen eingereiht werden.[185] In einem Gespräch über die sowjetische Strafpraxis äußerte Foucault, dass das Konzentrationslager in der Mitte zwischen Terror und Disziplin steht. Es setzt die Insassen der Angst und dem Tod aus und unterwirft sie gleichzeitig einer Disziplin, wie sie sich unendlich vervielfältigt auch in der Kaserne, Fabrik, Spital etc. wiederfindet.[186] Der Zweck der Einschließung, Dressur oder Bestrafung ist folglich ein ganz anderer als in anderen Institutionen. In der Kaserne soll der willige Soldat geformt, in der Schule das Musterkind erzogen, im Spital der Kranke geheilt, im Gefängnis der Straffällige gebessert werden. Das Endprodukt ist der vollständig normierte und gefügige Mensch, wie er idealtypisch in *Belomorkanal* vorgeführt wird. Im Lager jedoch dominiert eine pervertierte Form von Strafe: Der Mensch wird nicht manipuliert, sondern durch Terror gebrochen. Strafe wirkt nicht mehr korrigierend, sondern destruktiv, auf die Steigerung von nutzbaren Kräften wird verzichtet. Das Lager bedient sich zwar der Verfahren der Disziplin, verteilt jedoch auf diesem Fundament Terror im gesamten Apparat. Gewalt/Terror und die Disziplin sind gegensätzliche Kräfte, der Terror führt die Disziplin nicht zu ihrem Höhepunkt, sondern bereitet ihre Niederlage.[187] Die Disziplin verzichtet auf

---

[185] Zum unterschiedlichen Charakter von Gefängnis und Lager, ihrer gegensätzlichen Auswirkungen auf den Geist des Häftlings vgl. auch Solženicyn, 1991, Bd. 2, S. 526:

"Что ж сказать о наших ИТЛ?! Теоретики тюрьмо-ведения (Gefängniskunde /Übers. i. Org./) всегда считали, что заключение не должно доводить до совершенного отчаяния, должно оставлять надежду и выход. Читатель уже видел, что наши ИТЛ доводили только и именно до совершенного отчаяния. Чехов верно сказал: 'Углубление в себя — вот что действительно нужно для исправления.' Но именно углубления в себя больше всего боялись устроители наших лагерей. Общие бараки, бригады, трудовые коллективы именно и призваны были рассеять, растерзать это опасное самоуглубление."

„Was kann man schon über unsere Arbeitsbesserungslager sagen? Die Theoretiker der Gefängniskunde waren immer schon der Meinung, dass Freiheitsentzug nicht zur völligen Verzweiflung führen darf, dass Hoffnung auf einen Ausweg bestehen bleiben muss. Der Leser hat bereits feststellen können, dass unsere Arbeitsbesserungslager gerade zur völligen Verzweiflung geführt haben. Tschechow hat ganz recht, wenn er sagt: ‚Die Besinnung auf sich selbst, dass ist es, was zur Besserung führt.' Diejenigen, die unsere Lager eingerichtet hatten, fürchteten jedoch nichts mehr als diese Besinnung auf sich selbst. Gemeinsame Baracken, Brigaden, Arbeitskollektive dienten eben jenem Ziel, diese gefährliche Selbstbesinnung zu zerstreuen und zu zerreißen."

[186] *Verbrechen und Strafen in der Sowjetunion und anderswo.* M. Foucault im Gespräch mit K. S. Karol. In: Michel Foucault: *Mikrophysik der Macht. Über Strafjustiz, Psychiatrie und Medizin.* Köln 1976, S. 64.

[187] *Verbrechen und Strafen in der Sowjetunion und anderswo*, S. 64. Foucault belegt dies am Beispiel der terrorisierten Gesellschaft unter Stalin. Selbst die Inhaber der höchsten Posten in

Gewalt und Willkür, sie ist eine "lautlose Macht, die zum Habitus geworden ist, ohne Ketten aus Eisen und Stahl, ohne Stacheldraht."[188] Die Macht des Lagerapparates regiert jedoch absolut, sie "bedient sich der Technologie der Disziplinen, löst sie von ihren Zielen und verwandelt sie in Instrumente des Terrors. Seine Systematik gründet auf diesem Transfer der Disziplinen ... ".[189]

Eine Modifizierung der bisherigen Diskursbegriffe erfolgt auf der Grundlage von Wolfgang Sofskys Studie *Die Ordnung des Terrors: Das Konzentrationslager.*[190] Sofsky unternimmt den Versuch, mittels Konzepten der allgemeinen Machtsoziologie und der soziologischen Situationsanalyse das Konzentrationslager als ein Machtsystem eigener Art zu beschreiben. Sofskys Ansatz liegt die klassische Theorie der totalen Herrschaft von Hanna Arendt zugrunde. Während Arendt sich jedoch auf den totalitären Staat insgesamt bezieht, analysiert Sofsky in seiner Studie das konkrete Machtmodell des Lagers und verwendet in diesem Zusammenhang den Begriff der "absoluten Macht".[191] Die Funktionsweisen die-

---

dem Regime konnten plötzlich verhaftet und hingerichtet werden. Erschütterung und Veränderung konnten in dem System nicht ausgeschlossen werden. Terror ist unberechenbar, er ist immer umkehrbar und kann sich gegen die wenden, von denen er vorher ausgegangen ist. Erst wenn sich hohe Posten dauerhaft etablieren können und unabsetzbar werden, kann sich die Disziplin über ihnen voll durchsetzen, ohne dass sich wieder ein Umschlag ereignet. Erst jetzt kann die Disziplin ungetrübt und ungefährdet herrschen.

[188] Wolfgang Sofsky: *Die Ordnung des Terrors: Das Konzentrationslager.* Frankfurt a. M. 1999³, S. 28.

[189] ebd., S. 317

[190] Wolfgang Sofsky: *Die Ordnung des Terrors: Das Konzentrationslager.* Frankfurt a. M. 1999³.

[191] ebd., S. 22ff.

Sofskys Studie verfolgt das Ziel, durch eine "methodische Nahsicht auf typische Situationen der Lagerwelt" eine "dichte Beschreibung" der Machtwelt des Konzentrationslagers zu ermöglichen und damit den Prototypen des Konzentrationslagers zu formulieren. (24)

Obwohl Sofskys Studie sich auf *deutsche* Konzentrations- bzw. Vernichtungslager bezieht, dient sie in vorliegender Arbeit als Grundlage zur Erstellung von Diskursbegriffen, die die Interpretation eines sowjetischen Textes über *sowjetische* Lager ermöglichen sollen. Damit wird die Frage nach der Vergleichbarkeit der beiden Lagersysteme berührt. Gemeinsam schienen den deutschen und sowjetischen Lagern die in ihnen herrschende Willkür und Rechtlosigkeit sowie elende Existenzbedingungen mit permanenter Todesnähe zu sein. Neben dem gemeinsamen Gewaltpotential unterschieden sich die Lager allerdings in ihrer Zielsetzung. Während in den deutschen Konzentrationslagern die Vernichtung von Menschen durch sofortige Tötung oder Zwangsarbeit forciert wurde und der wirtschaftliche Nutzen nur sekundäre Bedeutung hatte, verhielt es sich in den sowjetischen Lagern umgekehrt. In ihnen stand die staatliche Zwangsorganisation der Arbeit im Vordergrund, die jedoch häufig mit politischer Repression bei hingenommener bis gewollter Todesfolge verbunden war (Armanski, 1996, S. 18). Der Genozid durch direkte Massenvernichtung wird als wesentlicher Unterschied zwises Machttyps und die mit ihnen verbundene Überlagerung der Wirkungsmechanismen der Disziplin sollen im folgenden dargestellt werden.

Raum[192]

Ebenso wie die Disziplin im Gefängnisapparat schließt die absolute Macht Individuen in einen Raum ein und verteilt sie in diesem. Allerdings wird der Lagerraum nicht in kleine Zellen, sondern in Felder aufgeteilt, in Sozial- und Funktionsbezirke. Das Individuum wird in ein räumliches Zonen- und Rastersystem gepresst. Im Gefängnis herrscht das Gesetz der individuellen Isolation: Die gefährliche Individualität wird bekämpft, indem soziale Kontakte unterbunden werden. Im Lager herrscht das Prinzip der verdichteten und segmentierten Masse, der Bewegungsraum wird im Massenblock durch Verdichtung vernichtet. Im Gefängnis werden Gruppenverteilungen vermieden, der Gefangene durch Verlassenheit gebeugt. Im Lager werden die Körper in Kollektive gebündelt, die Menschen durch Platznot und die fortwährende Anwesenheit anderer erstickt.

---

schen "Auschwitz" und dem GULag angeführt (Sofsky, 1999, S. 20f., S. 326 Fußnote 13; Armanski, 1993, S. 37f., S. 187ff.). Jedoch lassen sich unabhängig von staatsideologischen Absichten deutliche Ähnlichkeiten zwischen deutschen und sowjetischen Lagern ausmachen: Organisatorische Strukturen, Rechtlosigkeit der Opfer oder Zerstörung durch Hunger und Arbeit gehören zu den Wesensmerkmalen beider Seiten. Dementsprechend sind auch die Häftlingsbedingungen vergleichbar: In beiden Lagersystemen fristeten die Insassen zumeist eine elendige Existenz unter permanentem Terror und Todesnähe.

Ehemalige gefangene Schriftsteller ziehen nach ihrer Entlassung aus sowjetischen Lagern selbst den Vergleich mit deutschen Lagern heran. Vgl. G. G. Demidov: "Освенцим без печей" („Auschwitz ohne Öfen“ / Brief an V. Šalamov, 27.7.1965. In: V. Šalamov: *Iz perepiski*, S. 146); Šalamov: "Очередная задача моя описать Джелгалу, всю Колымскую спецзону (один из сталинских Освенцимов), ..." („Eine meiner Aufgaben bestand darin, Døelgala und die gesamte Sonderzone von Kolyma - ein Auschwitz nach stalinschem Zuschnitt - zu beschreiben, ...“ / Brief an A. I. Solženicyn, Mai 1964. In: *Šalamovskij sbornik*, 1994, S. 83); Solženicyn bezeichnet mehrmals das Haftgebiet Kolyma als "Gaskammer des Nordens" (Vgl. Solženicyn, 1991, Bd. 2, S. 169ff.).

Zum Vergleich der Lebensbedingungen in deutschen und russischen Lagern s. auch Pingel, 1996, S. 106f.; Scherbakova, 1996, S. 87f.; Stettner, 1996, S. 188; Bettelheim, 1980, S. 49.

[192] Vgl. Sofsky, 1999, S. 61-67

Zeit[193]

Die Disziplin und die absolute Macht steuern die Zeit des Individuums. Doch während die Disziplin die Zeit zur Erreichung eines vorgegebenen Zieles bemisst und die Tätigkeit in einen zeitlichen Rahmen stellt, zerstört die absolute Macht Zeitstrukturen. Tätigkeiten fehlt ein absehbares Arbeitsziel, sie sind ohne sinnhaftes Ende. Aufgabenformen im Lager vernichten Zeit- und Zielstrukturen menschlicher Arbeit. Die absolute Macht durchdringt das innere Zeitbewusstsein, sie zerreißt das innere Band von Erinnerung, Erwartung und Hoffnung. Das Prinzip der „ewigen Gegenwart" wird zum Zeitgesetz des Lagers.

Kontrolle über Tätigkeit und Geist[194]

Die Disziplin und die absolute Macht formieren die Bewegungen der Menschen, schreiben Zeitpunkt, Tempo und Richtung von Bewegungen vor. Beide zwingen das Individuum zu bestimmten Tätigkeiten und überwachen sie bei der Ausführung. Die Disziplin greift auf den Geist des Menschen zu, indem sie ihn durch Dressur und Anerziehung von Gewohnheiten von seinen Leidenschaften befreit. Die absolute Macht zielt in der Kontrolle des Menschen nicht auf seine Umformung ab, sondern mittels Überforderung und Terror auf seine Zerstörung.

Individuum - Masse[195]

Die Disziplin und die absolute Macht organisieren eine Sozialstruktur. Während die Disziplin eine Vielzahl von Kräften zu einem leistungsfähigen Apparat zusammensetzt, um die Nützlichkeit des Einzelnen zu fördern, transformiert die absolute Macht die Lagergesellschaft in eine geschlossene Zwangsmasse. Jeder Häftling wird in eine Kategorie einsortiert und in eine Hierarchie der Diskriminierung gestellt. Verteilung von Gütern, Privilegien und Prestige richten sich nach dem Posten in dieser Klassenhierarchie. Sie schürt absichtlich soziale, politische, nationale und rassistische Gegensätze unter den Insassen. Die absolute Macht bildet zudem ein System der Kollaboration: Sie schafft eine Funktionselite, die nicht die Nützlichkeit des Individuums steuert, sondern es durch Terror kontrolliert.

Organisation von Entwicklungen[196]

Die Disziplin legt Programme in einem zeitlichen Rahmen fest, die auf ein Endziel gerichtet sind. Die absolute Macht zerstört einerseits Formen der Entwick-

---

[193] ebd. S. 88-98, S. 108, S. 219f.
[194] ebd. S. 195
[195] ebd. S. 30-31, 180
[196] ebd. 108

lung bzw. verhindert sie von Beginn an, indem sie die für Entwicklungen notwendigen Zeitstrukturen durchbricht, indem sie Tätigkeiten von einem absehbaren Ziel trennt und sie in eine starre Gegenwart mauert. Andererseits stellt sie den Menschen in eine reine Negativ-"Entwicklung": Sie zwingt den Menschen in seiner Hilflosigkeit zur Regression in einen infantilen Zustand, dessen "Endziel" das willenlose, ausgemergelte Individuum ist. Übungen oder Prüfungen bedingen keine Fortschritte in einer Entwicklung, sondern dienen dem Terror und unterliegen der Willkür der Lagermacht.

Bestrafung[197]
Die Disziplin und die absolute Macht strafen. Die Disziplinarstrafe wirkt korrigierend und zielt auf einen Besserungseffekt. Die absolute Macht will niemanden bessern. Bestrafung wird zur Willkürlichkeit und damit zur Terrorstrafe. Sie sprengt den geregelten Mechanismus der sozialen Sanktion. In Gewalt und Strafen drücken sich Überlegenheit der Macht und Unterlegenheit des Opfers aus.

Spricht Foucault hinsichtlich der Disziplin von einer Errichtung "lebender Tableaus"[198], die aus der Unordnung von Mengen eine nützliche Ordnung von Vielheiten machen, so muss im Lager von der Ausrichtung einer ungeordneten Masse in eine geordnete Zerstörung ausgegangen werden. Strafe verliert ihren Sinnzusammenhang mit einem möglichen Besserungsgedanken, da sie angesichts der herrschenden Rechtlosigkeit und des Terrors im Lager als Willkür empfunden wird. Terror löst die Verknüpfung von Vergehen und Sanktion auf.[199] Er unterbindet die solidarische Struktur menschlicher Beziehungen und verwandelt den Menschen zu einem passiven Objekt.[200] Der terrorisierte Lagerinsasse ist der manipulierte "Idealtyp" des Menschen, den laut Hannah Arendt jede Form von totaler Herrschaft anstrebt: "Alle Menschen in ihrer unendlichen Pluralität und Verschiedenheit so zu organisieren, als ob sie alle zusammen nur einen einzigen Menschen darstellten, ist nur möglich, wenn es gelingt, jeden Menschen auf eine sich immer gleichbleibende Identität von Reaktionen zu reduzieren, so dass jedes dieser Reaktionsbündel mit jedem vertauschbar ist. ...

[197] ebd. S. 195, 255
[198] Foucault, 1994, S. 190
[199] Sofsky, 1999, S. 29
[200] Walter von Baeyer / Wanda von Baeyer-Katte: *Angst*. Frankfurt a. M. 1971, S. 117.

Dieses Resultat versucht die totale Herrschaft ... durch absoluten Terror in den Lagern zu erreichen."[201]

Armanski versucht, den Phänotyp eines Lagers zu bestimmen und beschreibt in diesem Zusammenhang die Transformation des Menschen in ein absolut dirigier- und verwertbares Objekt.[202] Mit dem Eintreffen in das Lager steht die weitere Biografie des Häftlings unter völliger Fremdbestimmung. Die Lagerstruktur mit dem ihr verbundenen Terror zwingt ihn zur Aufgabe von Normen seines bisherigen Sozialverhaltens und zur Annahme von lagerinternen Verhaltensstrukturen. Er kann seinen weiteren Lebensverlauf nicht mehr nennenswert beeinflussen, vielmehr verliert er unter dem Druck aufgezwungener Maßstäbe und Verrichtungen zentrale Dimensionen des Lebens. In der Biografie des Gefangenen vollzieht sich eine Lebenswende: Das Leben vor dem Lager verblasst mit dem Eintritt in dasselbe und wird durch ein "neues" Leben innerhalb einer Zwangsgemeinschaft ausgetauscht, in dem aufgrund permanenter Gewalt Erinnerungen, Moral, Fähigkeiten, Alltagswissen ausgelöscht werden. Das weitere Schicksal hängt letztlich nicht mehr vom eigenen Handeln des Einzelnen ab.

Die absolute Macht des Lagers drückt sich am deutlichsten in der Erscheinung eines menschlichen Zustands aus, der sich durch völlige körperliche Entkräftung, emotionale Gleichgültigkeit und Willenlosigkeit auszeichnet. In einem Zwischenreich von Leben und Tod, einem Zustand des Elends und Siechtums löst sich die leibliche Einheit auf und zerfällt die Seele in vollkommene Apathie.[203]

---

201 Hannah Arendt: *Elemente und Ursprünge totaler Herrschaft*. Frankfurt a. M. 1958², S. 644.

202 Armanski, 1993, S. 20, 26ff.; vgl. auch Sofsky, 1999, S. 32-39.

203 Sofsky, 1999, S. 37f. In bezug auf die deutschen Konzentrationslager wird in diesem Zusammenhang der Begriff "Muselmann", in bezug auf sowjetische der Begriff "доходяга" („Abkratzer“) verwendet.

3. "Körpergeschichten"

3.1. Das Lager und die Präsenz des Körpers

Der Erzählzyklus *Kolymskie rasskazy* beschreibt im Vergleich zu *Belomorkanal* ein völlig gegensätzliches Weltmodell. Raum- und Zeitstrukturen, Sinneswahrnehmungen und Körperlichkeit, Handlungsstränge und biografische Modelle unterscheiden sich in den Texten grundlegend. Beide Texte sind als Darstellungsbeispiele des sowjetischen Strafvollzugs zu verstehen, beschreiben jedoch ein gegensätzliches Bild von Strafe und ihrer Wirkung auf den Delinquenten.

In vielen seiner Erzählungen schildert Šalamov detailliert die physische Vernichtung des Delinquenten. Mit Ausdrücken wie "людские отходы, остатки, отбросы"[204] („menschlicher Abfall, Müll, Abschaum") beschreibt er Empfindungszustände von gepeinigten Körpern, die bereits in unmittelbarer Nähe des Todes stehen.

Šalamov beschreibt in seinen Erinnerungen das Jahr 1938 als eines der härtesten während seines gesamten Lageraufenthaltes. Vier Faktoren zählt er summarisch auf, die seinen Körper binnen weniger Wochen in einen Zustand der völligen Erschöpfung versetzten: "холод" (Kälte), "голод" (Hunger), "отсутствие силы" (Kräftemangel) und "побои" (Schläge).[205] Rückblickend formuliert er die Frage, woran sein *Körper* sich erinnert ("Что помнит тело?")[206], der Körper wird zum Gedächtnisträger einer Lebensspanne, in der die Persönlichkeit gewaltsam auf eine reine Körperlichkeit reduziert wurde. Šalamov beschreibt ein Wechselspiel von Körper und Geist, die sich im Erinnerungsprozess einander bedingen:

> "Все проверяется на душе, на ее ранах, все проверяется на собственном теле, на его памяти, мышечной, мускульной, воскрешающей какие-то эпизоды. Жизнь, которую вспоминаешь всем телом, а не только мозгом. Вскрыть этот опыт, когда мозг служит телу для непосредственного реального спасения, а тело служит, в свою очередь, мозгу, храня в его извилинах такие сюжеты, которые лучше было бы позабыть."[207]

---

[204] Vgl. Varlam Šalamov: *Kolymskie rasskazy*, S. 123, 134, 165. In: ders.: *Sobranie sočinenij*. Moskau 1998, Bd. 1, S. 7-182.
[205] Šalamov, *Vospominanija*, S. 132f.
[206] ebd. S. 134
[207] Brief von V. Šalamov an A. A. Kreščenskij (1972). In: Šalamov, *Iz perepiski*, S. 154.

„Eine Bestätigung all dessen findet sich im Widerhall der Seele, ihrer Wunden. Eine Bestätigung all dessen gibt der eigene Körper, sein Gedächtnis, seine Muskel- und Nervenstränge, die das eine oder andere Erlebnis wiederaufleben lassen. Dieses Leben wird nicht nur ausschließlich über das Gehirn, sondern mit dem ganzen Körper erinnert. Diese Erfahrung gilt es freizulegen. Dabei dient das Hirn als unmittelbarer und realer Rettungsanker dem Körper und der Körper, in dessen weit verzweigten Verästelungen Erlebnisse festgehalten sind, die man besser vergessen sollte, dient wiederum dem Hirn.“

Die zentrale Bedeutung des menschlichen Körpers, die mit ihm verbundenen Schmerzempfindungen und gleichzeitig die mannigfachen Anstrengungen, seine Bedürfnisse zu befriedigen, können als das wesentliche Charakteristikum des Lagers angesehen werden. Scherbakova bestätigt anhand ihres umfangreichen Interviewmaterials mit früheren Gefangenen stalinistischer Lager, dass das Lager im Gegensatz zu anderen Strafinstitutionen den Delinquenten vollständig an die Bedürfnisse seines eigenen Körpers band. Während in Untersuchungsgefängnissen die Weitergabe von Wissen noch eine bedeutende Rolle spielte, in den Zellen von den Gefangenen teilweise ein regelrechter Unterricht organisiert wurde, ließ die harte körperliche Arbeit in den Lagern kaum noch Kraft für geistige Beschäftigung.[208] Šalamov veranschaulicht diese Extremsituation anhand des Beispiels von einem aufgefundenen Zeitungsfetzen: dessen Bedeutung liegt nicht mehr in seinem Informationsgehalt, sondern in seinem reinen "Materialwert", also der Frage, wie viele Zigaretten sich aus ihm drehen lassen.[209]

In den *Kolymskie rasskazy* prägt die betonte *Präsenz* des Körpers und seiner Empfindungen die literarische Charakterisierung des Delinquenten. In beinahe allen Erzählungen sind der Körper bzw. einzelne seiner Glieder, Körperempfindungen wie Hunger, Kälte oder Schmerz, einzelne Kleidungsstücke oder Nahrungsmittel zur Stillung körperlicher Bedürfnisse Gegenstand der Darstellung.[210]

In Šalamovs Erzählungen lässt sich eine Reihe von Begriffen ausmachen, die sich alle auf die Körperlichkeit des Delinquenten beziehen und in stets neuen Wortverbindungen den gesamten Text durchziehen: "хлеб" (Brot), "суп" (Suppe), "табак" (Tabak), "курить" (rauchen), "печка" (Ofen), "дрова" (Holz), "тепло" (Wärme), "отмороженные пальцы" (erfrorene Finger), "болеть" (schmerzen), "раны" (Wunden), "кожа" (Haut), "побои" (Schläge) etc.

---

208 Scherbakova, 1996, S. 82

209 Šalamov, *Vospominanija*, S. 135

210 Vgl. auch zum Motiv des Körpers in Šalamovs Texten Elena V. Volkova: *Tragičeskij paradoks Varlama Šalamova*. Moskau 1998, S. 52ff.

Selbst einzelnen Kleidungsstücken kommt eine außergewöhnliche Bedeutung zu. Sie schützen den Körper gegen Kälte, weshalb sie von den Sträflingen schmerzlich vermisst, eingetauscht (67), verspielt (12) oder gestohlen werden (61).

Als *der* zentrale Moment im Lageralltag des Häftlings ist der Akt der Nahrungsaufnahme anzusehen. Er wird von dem jeweiligen Häftling in einer beinahe andächtigen Haltung vollzogen, wobei andere Häftlinge in der unmittelbaren Umgebung seine Handlung mit äußerster Aufmerksamkeit begleiten:

"Ужин кончился. Глебов неторопливо вылизал миску, тщательно сгреб со стола хлебные крошки в левую ладонь и, поднеся ее ко рту, бережно слизал крошки с ладони. Не глотая, он ощущал, как слюна во рту густо и жадно обволакивает крошечный комочек хлеба. Глебов не мог бы сказать, было ли это вкусно. Вкус—это что-то другое, слишком бедное по сравнению с этим страстным, самозабвенным ощущением, которое давала пища. Глебов не торопился глотать: хлеб сам таял во рту, и таял быстро.

Ввалившиеся, блестящие глаза Багрецова неотрывно глядели Глебову в рот—не было ни в ком такой могучей воли, которая помогла бы отвести глаза от пищи, исчезающей во рту другого человека. Глебов проглотил слюну, и сейчас же Багрецов перевел глаза к горизонту—на большую оранжевую луну, выползавшую на небо. (13; vgl. ebenso 69, 72)

„Das Abendessen war beendet. Glebow leckte ohne Eile seinen Suppennapf aus, fegte sorgsam die Brotkrumen vom Tisch in die linke Hand, hob die Hand an den Mund und leckte die Krumen ab. Er fühlte, wie ihm der Speichel im Mund zusammenlief und gierig das winzige Brotklümpchen einhüllte- Glebow hätte nicht sagen können, ob es ihm schmeckte – ‚Geschmack' war etwas ganz anderes, viel zu Armseliges im Vergleich zu der berauschenden, fast betäubenden Empfindung, die er beim Essen hatte. Er schluckte nicht, das Brot zerging von selbst im Mund, und es zerging viel zu schnell.

Die eingesunkenen, glänzenden Augen Bagrezows starrten unverwandt auf Glebows Lippen – wie alle anderen hatte er einfach nicht die Kraft, die Augen von Essen abzuwenden, das im Mund eines anderen verschwand. Als Glebow den Speichel hinunterschluckte, schaute Bagrezow weg und blickte auf den Horizont, auf den orangegelben Mond, der langsam emporstieg.[211]

---

[211] Übers. von G. Drohla. In: Warlam Schalamow: *Kolyma. Insel im Archipel*. Köln 1967, S. 15.

3.2. Strafe als terrorisierendes Verfahren

Anhand der in Kapitel 5.2. modifizierten Begriffsinhalte wurde verdeutlicht, dass das Lager als ein Terrorinstrument zu verstehen ist, welches eine spezifisch körperbetonte Strafpolitik verfolgt. In den *Kolymskie rasskazy* wird im Unterschied zu *Belomorkanal* keine Besserung bzw. "Umschmiedung" des Delinquenten für eine neue Zukunft dargestellt, vielmehr liegt die Funktion von Strafe in der körperlichen Ausbeutung und weitergehend in der Vernichtung des Häftlings.

Unter Berücksichtigung der vorgenommenen Modifizierungen soll anhand verschiedener Textausschnitte der Charakter der Lagerstrafe als willkürliches Verfahren der Terrorisierung des Delinquenten verdeutlicht werden.

Die Lagermacht presst das Individuum in ein räumliches Zonen- und Rastersystem, es herrscht das Prinzip der verdichteten Masse.

In Šalamovs Erzählungen befindet sich der Delinquent zumeist in unmittelbarer Umgebung von weiteren Mithäftlingen, deren Verhalten sich direkt auf seine eigene Lebenssituation auswirkt. Selten nur kann er sich in einen Zustand der Einsamkeit zurückziehen. Angesichts der Menschenmassen im Lager gerät allein schon die Frage nach einem Schlafplatz für den Einzelnen zu einem Konflikt mit anderen Häftlingen:

> "Нарядчик подвел Андреева к нарам и показал на вторые нары: — Вот твое место! Вверху запротестовали, но нарядчик выругался. Андреев, уцепясь обеими руками за край нар, пытался безуспешно закинуть правую ногу на нары. Сильная рука нарядчика подкинула его, и он тяжело плюхнулся посреди голых тел. Никто не обращал на него внимания." (165f)

> „Der Ordner führte Andrejew zu den Pritschen und zeigte auf die zweite Etage. ‚Da ist dein Platz!' Oben wurde protestiert, aber der Ordner fluchte. Andrejew umklammerte mit beiden Händen den Rand der Pritsche und mühte sich vergebens, hinaufzukommen. Der Ordner gab ihm einen kräftigen Schubs, und er fiel schwer auf nackte Körper. Niemand beachtete ihn.“[212]

Aufgrund der Dichte von Körpern in den Lagerbaracken entzünden sich zwischen den Häftlingen soziale Konflikte um die Verteilung des Raumes. Der Raum innerhalb der Baracken unterteilt sich nach einem hierarchischen Prinzip:

---

[212] Übers. von G. Drohla. In: Schalamov, 1967, S. 176.

Kriminelle besetzen die günstigen Plätze, nach ihnen werden je nach Einfluss und Stärke des Häftlings die übrigen Plätze verteilt:

"Я тоже лежу здесь — недалеко от двери на нижних нарах. Внизу холодно, но наверх, где теплее, я подниматься не решаюсь, меня оттуда сбросят вниз: там место для тех, кто посильней, и прежде всего для воров. Да мне и не взобраться наверх по ступенькам, прибитым гвоздями к столбу. Внизу мне лучше. Если будет спор за место на нижних нарах—я уползу под нары, вниз." (103)

„Auch ich liege hier – nicht weit von der Tür auf der unteren Pritsche. Unten ist es kalt, doch ich zögere, nach oben zu klettern, wo es wärmer ist. Sie werden mich hinunterwerfen: Dort haben die Stärkeren ihren Platz, vor allem die Diebe. Und die an den Pfosten angenagelten Sprossen hinaufzuklimmen, ist nichts für mich. Unten behagt es mir. Wenn es Streit um den Platz auf der unteren Pritsche gibt, werde ich hinunter, unter die Pritsche, kriechen.“[213]

Der den Häftlingen zugewiesene Arbeitsplatz kann von der Lagermacht in einen *Terrorraum* verwandelt werden, innerhalb dessen die Gefangenen die ihnen aufgezwungenen Arbeiten ausführen müssen. Ihr Bewegungsspielraum ist begrenzt und unterliegt einer strengen Kontrolle, bei Verstößen gegen die Raumordnungen folgen drakonische Bestrafungen:

"Мы не могли выходить из шурфов — мы были бы застрелены. Ходить между шурфами мог только наш бригадир. Мы не могли кричать друг другу—мы были бы застрелены. И мы стояли молча, по пояс в земле, в каменных ямах, длинной вереницей шурфов растягиваясь по берегу высохшего ручья." (27)

„Wir durften unsere Gräben nicht verlassen – wir wären erschossen worden. Nur unser Brigadeleiter durfte zwischen den Gräben umhergehen. Wir durften einander nicht zurufen – wir wären erschossen worden. Und so arbeiteten wir schweigend, bis zum Gürtel in der Erde stehend, in steinigen Gruben am Ufer eines ausgetrockneten Baches.“[214]

Häftlinge bemühen sich permanent um einen Eintritt in "Freiräume", in denen sie ihre Körper schützen, schonen, aufwärmen oder gesunden lassen können. Zu diesen Räumen gehört das Krankenhaus (119ff, 130ff), die geheizte Tischlerei (19ff) oder die warme, duftende Brotfabrik (76ff). Sie bilden räumliche "Asyle" vor Kälte, Schlägen, Krankheiten und letztlich vor dem Tod. Einen ähnlichen

[213] Übers. von A. Nitschke u. A. Manzella. In: Warlam Schalamov: Geschichten aus Kolyma. Frankfurt a. M. u.a. 1983, S. 43.
[214] Übers. von G. Drohla. In: Schalamow, 1967, S. 35f.

"Freiraum" kann auch die Natur außerhalb des Lagers darstellen, wenn der Häftling sie nicht in einer bewachten Arbeitskolonne, sondern in einer unbewachten Kleingruppe zum Sammeln von Zweigen oder Beeren betreten darf. Erst außerhalb des Lagers kann der Häftling die im Lager unterdrückte Erfahrung der Einsamkeit und Stille wiedergewinnen und in ihr eine seelische Befreiung erfahren:

"После многих месяцев работы в обледенелых разрезах, где каждый промороженный до блеска камешек обжигает руки, после щелканья винтовочных затворов, лая собак и матерщины смотрителей за спиной работа на стланике был огромным, ощущаемым каждым усталым мускулом удовольствием. ... Хорошо было, грея руки о банку с дымящимися головешками, не спеша идти к сопкам, таким непостижимо далеким, как мне казалось раньше, и подниматься все выше и выше, все время ощущая как радостную неожиданность свое одиночество и глубокую зимнюю горную тишину, как будто все дурное в мире исчезло и есть только твой товарищ, и ты, и узкая темная бесконечная полоска в снегу, ведущая куда-то высоко, в горы." (33)

„Ich empfand sie als eine wahre Erlösung nach den vielen Monaten Schürfarbeit in vereistem Gestein, nach dem Klirren der Gewehrschlösser, dem Gebell der Wachhunde und den gemeinen Flüchen der Konvoisoldaten. Es war eine Wohltat, die Hände an der Konservenbüchse mit der schwelenden Glut zu wärmen, ohne Eile zu den Bergkuppen zu gehen, die früher unerreichbar fern schienen, die Hänge hinaufzusteigen, wie eine freudige Überraschung seine Einsamkeit und die winterliche Stille der Berge zu fühlen. Mir war, als sei alles Hässliche und Gemeine verschwunden – nur mein Kamerad und ich waren noch da und ein schmaler, dunkler Pfad im Schnee, der irgendwohin führte, hoch in die Berge hinauf."[215]

Die Lagermacht fördert Gegensätze unter den Häftlingen und stellt sie in eine Hierarchie der Diskriminierung

Die Lagermacht duldet bzw. fördert eine Vorherrschaft der Kriminellen über die gemeinen Häftlinge. Die Kriminellen etablierten im Lager eine eigene Subwelt, einen eigenen Lebensstil mit entsprechenden Verhaltensnormen. Nur sie können eine "Kultur der Distinktion"[216] entwickeln und sich von der Masse der verelendenden Gefangenen absetzen. Durch Anwendung von Gewalt terrorisieren sie die gemeinen Häftlinge, stellen ihre Macht zur Schau und demonstrieren durch Konsum ihren Reichtum.[217] Ihre Lebenswelt wird in Šalamovs Erzählungen

---

[215] Übers. von G. Drohla. In: Schalamow, 1967, S. 42f.
[216] Sofsky, 1999, S. 169
[217] ebd. S. 174

immer als ein räumlich abgeschlossenes "Reich" oberhalb der anderen Häftlingsliegen beschrieben:

"Просыпаюсь от запаха дыма. Где-то вверху, в воровском царстве, курят." (106)

„Ich wache von Rauchgeruch auf. Irgendwo da oben, im Reich der Diebe, rauchen sie."[218]

Die gemeinen Häftlinge können sich kaum ihrem Einfluss entziehen und befinden sich zumeist in Abhängigkeit von ihren willkürlichen Wünschen und Befehlen. Šalamov stellt verschiedene Formen von Abhängigkeitsverhältnissen dar, in denen die Willkür und Allmacht der Kriminellen sowie die Ohnmacht der gemeinen Sträflinge deutlich werden: Häftlinge bringen für Kriminelle Brennholz und werden danach von ihnen ermordet (10ff), sie erzählen ihnen Geschichten zur Unterhaltung, um nicht geprügelt zu werden (81ff), singen ihnen vor (105) oder kraulen ihnen die nackten Fußsohlen (174). Zwischen Kriminellen und gemeinen Häftlingen etabliert sich ein hierarchisches Sozialsystem, dass jedem Einzelnen gemäß seinem Stand im Lager einen Platz zuweist:

"Воров окружала толпа холопов и лакеев— придворные рассказчики, ибо блатные считают хорошим тоном интересоваться «романами»: придворные парикмахеры с флакончиком духов есть даже в этих условиях, и еще толпа услужающих, готовых на что угодно, лишь бы им отломили корочку хлеба или налили супчику." (174)

„Die Diebe sind von einer Menge Kriechern und Lakaien umgeben. Da sind die ‚Hoferzähler', denn die Kriminellen halten es für den guten Ton, sich für ‚Romane' zu interessieren; ‚Hoffriseure' mit Parfümfläschchen gibt es sogar unter diesen Bedingungen, und dann ist da noch die Menge der Dienstfertigen, zu allem bereit, wenn man ihnen nur eine Brotrinde abbricht oder ein bisschen Suppe eingießt."[219]

Die Lagermacht zielt in der Kontrolle des Menschen nicht auf seine Umformung ab, sondern mittels Überforderung und Terror auf seine körperliche und seelische Zerstörung

Permanente Gewalt und Terror prägen den Lebensalltag des Häftlings und grenzen dessen eigenen Handlungsspielraum ein. In den *Kolymskie rasskazy* ist der Häftling der dauernden Gefahr ausgesetzt, neben seinen körperlichen Kräften

[218] Übers. von A. Nitschke u. A. Manzella. In: Schalamov, 1983, S. 46.
[219] Übers. von B. Heitkam. In: Warlam Schalamov: *Ankerplatz der Hölle*. Berlin 1996, S. 24.

auch zentrale Kategorien seines Gefühlslebens wie Mitgefühl oder Trauer zu verlieren. Entscheidende Ursache für diesen "Zerfall" der menschlichen Persönlichkeit ist die von ihm als Tortur erlebte Arbeit. Diese behebt keinen Mangel und beseitigt keine Situation der Knappheit, sie sichert nicht das Leben im Lager, sondern zerstört es.[220] Der Häftling wird durch Arbeitsüberlastung an die Grenzen seines Selbst gezwungen:

"На общих работах Мерзляков скоро понял, что смерть близка. Его шатало под тяжестью бревен, которые приходилось перетаскивать. Десятник ... всякий раз ставил Мерзлякова «под комелек», заставляя тащить комель, толстый конец бревна. Однажды Мерзляков упал, не мог встать сразу со снега и, внезапно решившись, отказался тащить это проклятое бревно. ... И он был наказан. Он был избит сначала своими же товарищами, потом десятником, конвоирами. Бревно так и осталось лежать в снегу—вместо бревна в лагерь принесли Мерзлякова." (132)

„Bei der ‚allgemeinen Arbeit' erkannte Mersljakow bald, dass der Tod nahe war. Er wankte unter der Last der Baumstämme, die er schleppen musste. Der Aufseher ... zwang Mersljakow immer, das dicke Ende des Stammes zu schleppen. Eines Tages fiel Mersljakow hin, konnte nicht sofort aus dem Schnee aufstehen und beschloß plötzlich, sich zu weigern, diesen verdammten Baumstamm zu schleppen. ... Dafür wurde er bestraft. Zuerst verprügelten ihn seine Kameraden, dann der Aufseher und die Konvoisoldaten. Der Baumstamm blieb im Schnee liegen – statt seiner wurde Mersljakow ins Lager geschleift."[221]

Angesichts der ständigen Todesgefahr wird der Tod selbst nicht mehr als besonderes Ereignis wahrgenommen. Er ist ein alltägliches Phänomen in der unmittelbaren Umgebung eines jeden Häftlings und kann nur dann noch die Aufmerksamkeit auf sich ziehen, wenn für die überlebenden Gefangenen ein materieller Vorteil aus ihm entsteht: Häftlinge erhalten noch die letzte Brotration des gerade Verstorbenen (17), teilen sich nach dem Freitod eines Häftlings dessen Kleider auf (46) oder nehmen sich die gesammelten Beeren eines gerade Erschossenen (56). Der Häftling muss zu seinem eigenen Selbstschutz Grausamkeiten und Tötungen gegenüber gleichgültig werden, da bei einer bewussten Wahrnehmung derselben Emotionen wie Hass, Empörung oder Verzweiflung ihn überwältigen würden. Erst ein "Wahrnehmungspanzer" gegenüber Leiden und Sterben stabilisieren sein inneres Gleichgewicht.[222]

---

[220] Sofsky, 1999, S. 193f

[221] Übers. von G. Drohla. In: Schalamow, 1967, S. 164.

[222] vgl. ebd. S. 106f

Hunger, Arbeit und Todesgefahr formen den Häftling in ein gleichgültiges, gefühlloses Objekt, das seinen eigenen Willen aufgegeben hat und der Lagermacht völlig unterworfen ist:

"Все человеческие чувства—любовь, дружба, зависть, человеколюбие, милосердие, жажда славы, честность—ушли от нас с тем мясом, которого мы лишились за время своего продолжительного голодания." (35)

"Нас ничто уже не волновало, нам жить было легко во власти чужой воли. Мы не заботились даже о том, чтобы сохранить жизнь, и если и спали, то тоже подчиняясь приказу, распорядку лагерного дня." (42)

„So wie unsere Körper durch fortdauernden Hunger an Fleisch verloren, kamen uns alle menschlichen Gefühle abhanden – Liebe, Freundschaft, Neid, Menschenliebe, Barmherzigkeit, Ruhmessucht, Ehrlichkeit."

„Nichts konnte uns mehr beunruhigen, es lebte sich leicht im Banne des fremden Willens. Wir sorgten uns nicht einmal mehr um den Erhalt unseres eigenen Lebens, und selbst wenn wir schliefen, beugten wir uns damit einem Befehl, der Tagesordnung des Lagerlebens."

3.3. Die Erzählung *Odinočnyj zamer (Einzelarbeit)*

Der aus 33 Einzelerzählungen bestehende Erzählzyklus *Kolymskie rasskazy* wurde bisher als ein Gesamttext behandelt, weshalb auf die Nennung von Titeln einzelner Erzählungen verzichtet wurde. Dies entspricht durchaus der Haltung des Autors des Zyklus, der die konzeptuelle Einheit aller Erzählungen betonte.[223] Trotzdem soll an dieser Stelle eine einzelne Erzählung (*Odinočnyj za-*

---

[223] "Композиционная цельность—немалое качество «Колымских рассказов». В этом сборнике можно заменить и переставить лишь некоторые рассказы, а главные, опорные, должны стоять на своих местах. Все, кто читал «Колымские рассказы» как целую книгу, а не отдельными рассказами,—отметили большое, сильнейшее впечатление. Это говорят все читатели. Объясняется это неслучайностью отбора, тщательным вниманием к композиции." In: Šalamov, *O proze*, S. 367.

„Die abgeschlossene Komposition ist ein wichtiges Merkmal der ′Geschichten aus Kolyma′. In diesem Erzählband kann man lediglich einige wenige Erzählungen ersetzen oder umgruppieren, die wichtigsten und fundamentalen müssen jedoch an der ihnen zugewiesenen Stelle bleiben. Jeder, der die ′Geschichten aus Kolyma′ als ganzes Buch und nicht nur einzelne Erzählungen daraus gelesen hat, bestätigte deren nachhaltige Wirkung. Das bezeugen alle Leser. Diese Wirkung findet in der bewußten Auswahl und sorgfältigen Aufmerksamkeit für die Komposition ihre Erklärung."

mer[224]) aus dem Zyklus herausgegriffen werden, um beispielhaft an ihr den Willkürcharakter von Strafe zu illustrieren.

Der Häftling Dugaev, nach Wochen harter Arbeit in Schächten völlig entkräftet, wird aus seiner Arbeitsbrigade herausgenommen und bekommt von einem Aufseher eine Einzelarbeit zugeteilt. Er muss bis Tagesende eine von diesem bemessene Erdfläche ausschaufeln. Weil seine erbrachte Leistung weit unter der vorgegebenen Norm liegt, wird er erschossen.

Die Erzählung schildert eine von der Lagermacht bestimmte Prüfungssituation, welche die physische und psychische Verfassung des Prüflings völlig ignoriert. Bereits vor der Prüfung hat die Lagermacht die körperliche und seelische Zerstörung des Delinquenten eingeleitet, indem sie ihn 16 Stunden am Tag zu harter Zwangsarbeit ohne ausreichende Ernährung zwingt. Dugaev verliert schnell seine körperlichen Kräfte und damit auch seine geistige Entscheidungsfähigkeit ("Он уже успел утомиться настолько, чтобы с полным безразличием отнестись к любой перемене в своей судьбе." /22/ [„Er war bereits so müde, daß er jede Wendung des Schicksals vollkommen gleichgültig aufnahm."]. Die Reduzierung seiner Persönlichkeit auf eine reine Körperlichkeit verdeutlicht sich in seinen Traummotiven, die sich ausschließlich auf die erwünschte Stillung seines Hungergefühls beziehen ("буханки хлеба, дымящиеся жирные супы" /21/ [„Brotlaibe, dampfende fette Suppen"]).

Die eigentliche Prüfung erfolgt innerhalb eines willkürlich festgelegten Rahmens. Dugaev wird von den anderen Häftlingen isoliert und zu einer Arbeitsaufgabe gezwungen, deren Ausführung er niemals unter den gegebenen Bedingungen realisieren kann. Die zu bearbeitende Erdfläche wurde von dem Aufseher zu groß, der dafür vorgegebene Zeitraum zu knapp bemessen. Das schlechte Ergebnis seiner Arbeit ist die voraussehbare Konsequenz der unverhältnismäßigen Forderung der Lagermacht. In der anschließenden Bestrafung Dugaevs mit dem Tod verdeutlicht sich das Wesen der Lagerstrafe: Der Delinquent wird nicht gebessert, sondern vernichtet, weil er als Arbeitskraft untauglich geworden ist. Strafe fungiert nicht mehr als ein geregelter Mechanismus der sozialen Sanktion[225], sondern nur mehr als ein Verfahren der Selektion, das den

224 Šalamov, *Kolymskie rasskazy*, S. 21-23

225 Sofsky, 1999, S. 255
Auch Goffman bezieht sich in seiner Arbeit auf den außergewöhnlichen Charakter von Strafe, der in totalen Institutionen (wie z.B. dem Konzentrationslager) auftrete. Strafe und Privilegien dienten als typische Organisationsmodi der jeweiligen Institution: "Strafen, wie schwer sie immer sein mögen, kennt der Insasse von zu Hause nur als etwas, das Tieren und Kindern zukommt; dieses behavioristische Konditionierungsmodell wird im allgemeinen nicht auf Erwachsene angewandt, da eine mangelhafte Erfüllung der Normen gewöhnlich zu indirekten

Delinquenten nach dem Verfall seines Gebrauchswertes aussondert. Die Lagerstrafe verliert, wenn sie nur mehr als rein ökonomisches Prinzip zur Ausbeutung und Ausmerzung "unrentabler Körper" eingesetzt wird, aufgrund der Absenz pädagogisch-didaktischer Intentionen ihre Sinnhaftigkeit, sie richtet sich nicht mehr auf eine geistig-moralische Entwicklung des Delinquenten. Šalamov lässt die Erzählung mit der Erkenntnis des Häftlings enden, dass sein Handeln an seinem letzten Lebenstag - und im weiteren Sinne damit seine gesamte Existenz im Lager - *sinnlos* waren:

"И, поняв, в чем дело, Дугаев пожалел, что напрасно проработал, напрасно промучился этот последний сегодняшний день." (23)

„Dugaev wusste, was los war. Leid tat ihm nur eins: dass er sich an diesem letzten Tag noch abgeschuftet hatte."[226]

---

nachteiligen Folgen, und keineswegs zu einer spezifischen, unmittelbaren Bestrafung führte. Und in einer totalen Institution sind Privilegien, dies muss betont werden, nicht dasselbe wie Vergütungen, Vergünstigungen oder Werte, sondern lediglich die Abwesenheit von Entbehrungen, die man normalerweise nicht ertragen zu müssen erwartet. Die Begriffe Strafe und Privileg selbst entstammen einer anderen Welt als der des bürgerlichen Lebens." (Goffman, 1973, S. 56f; zum Lager als totaler Institution vgl. Kap. 4.5. der vorliegenden Arbeit)

[226] Übers. von G. Drohla. In: Schalamow, 1967, S. 28.

4. Destruktion der Biografie

In der literarischen Charakterisierung der Figuren in den *Kolymskie rasskazy* verzichtet Šalamov entweder völlig auf biografische Elemente oder bringt nur stichpunktartig einige wenige Ausführungen über das jeweilige Leben vor dem Lagereintritt ein. Šalamov konzentriert sich auf die Darstellung des eigentlichen Lageraufenthaltes, von den Häftlingen in seinen Erzählungen auch als "hiesiges", "zweites" Leben ("здешняя", "вторая" жизнь /78/) bezeichnet. Aus der Vergangenheit der Lagerinsassen - ihrem "ersten" Leben ("первая жизнь" /49/) - erfährt man häufig nur ihren früher ausgeübten Beruf, den Ort ihrer Herkunft, den Grund ihrer Verhaftung, manchmal wird bloß ihr Alter genannt. So vermag der Häftling Potašnikov trotz seines jungen Alters von 30 Jahren kaum noch auf die höher gelegenen Pritschen in der Baracke zu klettern (17); der 23-jährige Häftling Dugaev hat vor seiner Verhaftung an einer Universität studiert (22); ein gewisser Šejnin war ehemals Referent Kirovs (25); ein Lagerinsasse ist ein ehemaliger Lockheizer aus Kamenec-Podol'sk (49). Häufig fehlen sogar jegliche biografische Details, nicht einmal Namen werden genannt.

Zur Deutung dieses Mangels an Informationen über frühere Lebensabschnitte wird sich im folgenden auf den in Kapitel 5.2. bereits vorgestellten Diskurs der *Lagerzeit* bezogen. Die Organisation des Lagerregimes bewirkt eine Zerstörung der biografischen Einheit des Häftlings, der den Bezug zu seinem vergangenen Lebenslauf verliert. Sofsky analysiert in seiner Studie die Gewalt der Lagermacht über die Zeit und damit auch die Biografie des Häftlings: "Die Zeit des Lagers war mehr als ein äußerer Zwang, wie er jeder sozialen Zeit eigen ist. Die Lagermacht durchdrang das innere Zeitbewusstsein und zerriss das innere Band von Erinnerung, Erwartung und Hoffnung. Absolute Macht übertrifft die bekannten Formen organisierter Zeitkontrolle bei weitem. Keineswegs begnügt sie sich mit der Synchronisation und Koordination der Ereignisse. Sie zerstört die Kontinuität der inneren Zeit, kappt die Verbindungen zwischen Vergangenheit und Zukunft, sperrt die Menschen in einer ewigen Gegenwart ein. Fern davon, nur die Körper zu beherrschen, bemächtigt sie sich der biografischen Zeit und der Bewegungen des Geistes."[227]

In den *Kolymskie rasskasy* "verlieren" Lagerinsassen gewissermaßen ihre personale Vergangenheit und bleiben gegenüber der ihrer Mithäftlinge gleichgültig. In einer Szene graben zwei Häftlinge eine Leiche aus dem Boden. Einer der beiden verletzt sich dabei, und nur aufgrund dieses unvorhergesehenen Zwi-

---

[227] Vgl. Sofsky, 1999, S. 88

schenfalls wird der frühere Beruf des anderen Häftlings einen Augenblick lang zum Thema eines Wortaustausches:

"Ты врач, что ли?—спросил Багрецов, отсасывая кровь. Глебов молчал. Время, когда он был врачом, казалось очень далеким. Да и было ли такое время? Слишком часто тот мир за горами, за морями казался ему каким-то сном, выдумкой. Реальной была минута, час, день от подъема до отбоя—дальше он не загадывал и не находил в себе сил загадывать. Как и все.

Он не знал прошлого тех людей, которые его окружали, и не интересовался им. Впрочем, если бы завтра Багрецов объявил себя доктором философии или маршалом авиации, Глебов поверил бы ему, не задумываясь. Был ли он сам когда-нибудь врачом? Утрачен был не только автоматизм суждений, но и автоматизм наблюдений. Глебов видел, как Багрецов отсасывал кровь из грязного пальца, но ничего не сказал. Это лишь скользнуло в его сознании, а воли к ответу он в себе найти не мог и не искал. То сознание, которое у него еще оставалось и которое, возможно, уже не было человеческим сознанием, имело слишком мало граней и сейчас было направлено лишь на одно—чтобы скорее убрать камни." (14)

„'Bist Du Arzt?', fragte Bagrezow, an seinem Finger saugend. Glebow antwortete nicht. Die Zeit, da er Arzt gewesen war, schien ihm unendlich fern. Hatte es diese Zeit überhaupt gegeben? Oft kam ihm seine frühere Welt, die Welt jenseits dieser Berge und des Meeres, wie ein Traum, ein Phantasiegebilde vor. Wirklich war nur die Minute, die Stunde, der Tag, vom Ausmarsch bis zur Rückkehr von der Arbeit. Weiter dachte er nicht, und er hatte auch gar nicht die Kraft dazu. Wie alle anderen.

Er kannte die Vergangenheit seiner Mitgefangenen nicht, und es interessierte ihn auch nicht. Übrigens, wenn Bagrezow ihm morgen gesagt hätte, er sei Doktor der Philosophie oder Marschall der Luftwaffe, so hätte Glebow ihm ohne weiteres geglaubt. Und er selbst? War er wirklich einmal Arzt gewesen? Er hatte nicht nur den Automatismus des Urteilens, er hatte auch den Automatismus der Wahrnehmung verloren. Er sah, wie Bagrezow an seinem schmutzigen, blutenden Finger sog, aber er schwieg. Er registrierte das alles flüchtig und wollte und konnte nichts dazu sagen. Sein Bewusstsein war abgestumpft und vielleicht nicht mehr das Bewusstsein eines Menschen, und das bisschen Wille, das er noch besaß, war jetzt nur auf eines gerichtet: so schnell wie möglich diese Steine wegzuräumen."[228]

Der Häftling kann bzw. will sich nicht mehr an sein früheres Leben erinnern, das mit seiner jetzigen Lage keine Gemeinsamkeiten mehr hat. Er wehrt sich gegen seine eigene Vergangenheit und die der anderen Insassen, da er zum Überleben seine noch verbliebenen Kräfte auf die aktuelle Situation des Lagerall-

---

[228] Übers. von G. Drohla. In: Schalamow, 1967, S. 16f.

tags verwenden muss. Das Lager wird für ihn zu einem "System des Vergessens"[229].

In einer anderen Szene liegt der Häftling Andreev in einer Typhusbaracke. Seine physischen Kräfte und seine psychische Verfassung wurden durch wochenlange Schwerstarbeit derart ruiniert, dass die Kraft und der Wille zu einer Rückbesinnung auf sein früheres Leben nicht mehr ausreichen:

"Думал ли он тогда о семье? Нет. О свободе? Нет. Читал ли он на память стихи? Нет. Вспоминал ли прошлое? Нет. Он жил только равнодушной злобой." (173)

„Dachte er damals an seine Familie? Nein. An die Freiheit? Nein. Rezitierte er aus dem Gedächtnis Verse? Nein. Dachte er an die Vergangenheit zurück? Nein. Er lebte nur in gleichgültiger Wut.“[230]

Durch die Verdrängung der eigenen Vergangenheit verliert der Lagerinsasse den Bezug zu seiner bisherigen Biografie, gleichzeitig kann er aufgrund der gegenwärtigen bedrückenden Lebensumstände seine eigene Zukunft nicht vorausplanen und somit den weiteren Verlauf seiner Biografie kaum beeinflussen. In den *Kolymskie rasskazy* werden sich Häftlinge ständig darüber bewusst, dass es völlig zwecklos ist, Gedanken über die Entwicklung des persönlichen Lebens in weiterer Zukunft zu verlieren:

"Если даже мороз упадет до сорока—сорока пяти градусов—два дня будет тепло, а дальше чем на два дня не имело смысла строить планы." (16, vgl. auch 42, 69)

„Er wusste vom vergangenen Winter, dass es einem schon bei minus 40 oder 45 Grad ein, zwei Tage etwas wärmer vorkam – und weiter vorauszuplanen war sinnlos.“[231]

Trotzdem versuchen sie verschiedentlich, den weiteren Verlauf ihres Schicksals zumindest teilweise durch selbstbestimmtes Handeln zu beeinflussen. Der Häftling Potašnikov betrügt die Lagerleitung, indem er sich als Zimmermann ausgibt, um zumindest die nächste Zeit in der warmen Tischlerei verbringen zu können (18); ein anderer haut sich mit einem Beil seine Finger ab, um zukünftig nicht mehr in den Schächten schuften zu müssen (47). Der Häftling Ivan wehrt sich am konsequentesten gegen die Vereinnahmung seiner Biografie: Er erhängt sich und beendet sie damit selbst (46).

---

[229] Vgl. Sofsky, 1999, S. 108

[230] Übers. von B. Heitkam. In: Schalamov, 1996, S. 23f.

[231] Übers. von G. Drohla. In: Schalamow, 1967, S. 19.

Momente selbstbestimmten Handelns bleiben aber die Ausnahme, die Figuren des Zyklus werden zumeist als passive Opfer eines willkürlichen Strafsystems beschrieben. In den *Kolymskie rasskazy* erscheint das Lager als ein heldenloses Weltmodell: Individuelles Handeln unterbleibt ganz oder kann nur noch auf die momentane Erhaltung der eigenen Existenz abzielen.[232] Die Lagermacht hingegen behandelt das Individuum mit seinem Eintritt ins Lager als bloßen "Fall", indem sie die Biografie des Häftlings nach einem einheitlichen Schema auf wenige Angaben reduziert:

"Вечером Дугаева вызвали к следователю. Он ответил на четыре вопроса: имя, фамилия, статья, срок. Четыре вопроса, которые по тридцать раз в день задают арестанту." (23)

„Abends wurde Dugaev zum Untersuchungsrichter gerufen. Er musste vier Fragen beantworten: Vorname, Familienname, Paragraph, Frist – jene vier Fragen, die den Häftlingen dreißigmal am Tag gestellt wurden.“[233]

Die aktenkundige Erfassung des Häftlings - ein weiteres Merkmal des Lagers[234] - dient der Verwaltung und Kontrolle seines weiteren Lebenslaufes, dessen Entwicklung außerhalb seines eigenen Einflussbereiches liegt. Unter der Kontrolle der Lagermacht kann die biografische Entwicklung des Häftlings sogar regressiv verlaufen, wenn er Verhaltensweisen zu entwickeln beginnt, die für das Säuglings- oder Kleinkindalter charakteristisch sind. Bettelheim analysiert in seiner psychoanalytisch orientierten Studie Lebensformen von Lagerinsassen, die wie Kinder in der unmittelbaren Gegenwart lebten und ihr Zeitgefühl vollkommen verloren hatten.[235] Da sie nicht mehr fähig waren, ihre eigene Zukunft zu planen, fiel es ihnen äußerst schwer, auf unmittelbare Lustbefriedigungen zugunsten späterer größerer Befriedigungen zu verzichten. Sofsky bestätigt ebenso eine Regression der Häftlinge auf frühere Stufen der eigenen Persönlichkeit: "Man degradierte sie zu unselbständigen, abhängigen Wesen und versetzte sie in eine kindliche Hilflosigkeit, in der nur noch angedrilltes Verhalten erlaubt war. Der

---

[232] Erst in den späteren Erzählzyklen Šalamovs werden Figuren dargestellt, die der Lagermacht aktiven Widerstand leisten und insofern Elemente des Heldenhaften verkörpern (Vgl. z.B. die Erzählung *Poslednij boj majora Pugačeva [Der letzte Kampf des Majors Pugatschow]*, S. 319ff). Zu Unterschieden in Inhalt und Darstellungsperspektive zwischen dem ersten und den restlichen Erzählzyklen vgl. Volkova, 1998, Kap. 7 u. 8.

[233] Übers. von G. Drohla. In: Schalamow, 1967, S. 28.

[234] Vgl. Sofsky, 1999, S. 131

[235] Vgl. Bruno Bettelheim: *Erziehung zum Überleben. Zur Psychologie der Extremsituation.* München 1985, S. 87.

Insasse sollte nicht handeln, sondern automatisch reagieren, nicht überlegen oder gar entscheiden, sondern blind gehorchen. ... Das Lager ersetzte das Handeln des Erwachsenen durch einen Zustand infantiler Abhängigkeit. Es rollte die personale Zeit zurück, machte die Entwicklung der Person rückgängig."[236]

In den *Kolymskie rasskazy* verkörpert der erwachsene und gleichzeitig hörige Mensch, dessen persönlichkeitsprägenden Charakterzüge bedeutungslos geworden sind, diese regressive Entwicklung der eigenen Person:

"У нас не было гордости, себялюбия, самолюбия, а ревность и страсть казались нам марсианскими понятиями, и притом пустяками. Гораздо важнее было наловчиться зимой на морозе застегивать штаны— взрослые мужчины плакали, не умея подчас это сделать. ... Мы были дисциплинированны, послушны начальникам." (36f)

„Wir hatten keinen Stolz mehr, keinen Egoismus, kein Ehrgefühl, und Eifersucht und Leidenschaft waren für uns völlig fremde und überdies vollkommen nebensächliche Begriffe. Viel wichtiger war, dass man es im Winter bei klirrendem Frost fertigbrachte, sich die Hosen zuzuknöpfen – erwachsene Männer weinten, weil sie das nicht konnten.... Wir waren diszipliniert, wir gehorchten unseren Vorgesetzten.“[237]

Šalamov sprach verschiedentlich von einer "Verschiebung der Maßstäbe" ("смещение масштабов") in seinem Erzählzyklus.[238] Die Destruktion der Biografie des Häftlings ist Ausdruck dieser "Verschiebung", sie führt zum Verlust der personalen Einheit des Selbst. Šalamov drückte es derart aus:

"В «Колымских рассказах» взяты люди без биографии, без прошлого и без будущего. ... «Колымские рассказы»—это судьба мучеников, не бывших, не умевших и не ставших героями."[239]

„In den ‚Geschichten aus Kolyma‘ wird von Menschen ohne Biografie, Vergangenheit und Zukunft erzählt. ... Die ‚Geschichten aus Kolyma‘ berichten über das Schicksal von

---

[236] Vgl. Sofsky, 1999, S. 108

[237] Übers. von G. Drohla. In: Schalamow, 1967, S. 47.

[238] Vgl. Brief von V. T. Šalamov an B. N. Lesnjak (5.8.1964): "Драка из-за куска селедки важнее мировых событий - это наиболее простой пример 'сдвига', 'смещения масштабов'." „Der Streit um ein Stück Hering ist von größerer Bedeutung als das aktuelle Weltgeschehen. Das ist das einfachste Beispiel für die ‚Verrückung‘ oder ‚Verschiebung der Maßstäbe‘.“ (In: Šalamov, *Iz perepiski*, S. 135.)

[239] Vgl. Šalamov, *O proze*, S. 361f.

Märtyrern, die niemals Helden waren und auch nie wurden, ja nicht einmal in der Lage waren Helden zu werden."

Kapitel 6: "Kampf" der Texte und Bilder: Zur Konstruktion eines Anklagediskurses in der ideologischen Auseinandersetzung politischer Systeme der 20er und 30er Jahre des 20. Jhr.

Mit der Ausübung von Strafe wird eine Produktion von Texten „angeregt" - so lautet die These, die der vorliegenden Arbeit zugrunde liegt. In den vorangegangenen Kapiteln wurden Texte analysiert, die die Ausübung von Strafe im Sinne der Strafgewalt kommentieren (Kap. 4) bzw. sie kritisieren (Kap. 5). Das letzte Kapitel dieser Arbeit konzentriert sich auf einen Zeitraum, innerhalb dessen eine derartige Textproduktion ein beinahe inflationäres Ausmaß annimmt. In den 20er und 30er Jahren des 20. Jhr. erscheint in der Sowjetunion und in Deutschland eine kaum überschaubare Anzahl von Schriften über die Strafpraxis der jeweiligen Staaten. Diese Texte demonstrieren aufgrund ihres aggressiven, anklagenden Tons ein "Kampfverhältnis"[240] verschiedener politischer Mächte. Sowohl das sozialistische als auch das kapitalistische Herrschaftssystem beziehen sich zur Etablierung ihrer ideologischen Positionen auf die eigene bzw. gegnerische Strafpolitik, indem sie diese über Texte zu rechtfertigen oder zu diffamieren versuchen. Im folgenden soll veranschaulicht werden, inwieweit Texte und Bilder Bestandteil eines Strafdiskurses werden und gleichzeitig zur Konstituierung eines Anklagediskurses instrumentalisiert werden. Es geht nicht in erster Linie um eine repräsentative Dokumentation von Texten und Gegentexten, sondern lediglich um eine erste Annäherung an ein Spannungsfeld aus apologetischen und polemischen Schriften, die sich einander anziehen und gleichzeitig

---

[240] Zur Analyse von Texten als "Angriffs- und Verteidigungswaffen" in Beziehungen von Mächten und Wissen vgl. auch Michel Foucault (Hrsg.): *Der Fall Rivière. Materialien zum Verhältnis von Psychiatrie und Strafjustiz.* Frankfurt /M 1975.

Hinter dem "Fall Rivière" steht ein junger Bauer, der des mehrfachen Verwandtenmordes angeklagt wurde. Dieser zeichnete vor (!) der Tat seine Motive und die Planung des Verbrechens auf. Dieses Memoire bildete zusammen mit medizinischen Gutachten sowie juristischen Schriftstücken einschließlich verschiedener Zeugenaussagen ein umfangreiches Dossier, "ein Ereignis, das Anlass und Gegenstand sich kreuzender Diskurse war ... sie stellen einen sonderbaren Kampf dar, eine Auseinandersetzung, einen Kräftevergleich, ein Gefecht um Worte und mittels Worten; ... Dokumente wie die über den Fall Rivière erlauben es, die Bildung und den Fluss eines Wissens (wie das Wissen der Medizin, der Psychiatrie, der Psychopathologie) in ihren Beziehungen mit den Institutionen und den Rollen, die dort gespielt werden müssen (Gericht, Gutachter, Angeklagter, Krimineller/Wahnsinniger usw.), zu analysieren." (S. 10f.)

Vgl. ebenso Foucaults Ausführung zu seiner Arbeit *Überwachen und Strafen*: "In *Überwachen und Strafen* kämpfen Texte, Praktiken und Menschen gegeneinander." (M. Foucault im Gespräch mit R. Martin. In: Foucault, 1993, S. 21.)

miteinander "bekämpfen". Die Darstellung beschränkt sich auf einige ausgewählte Beispiele von Texten bzw. Textzitaten und Fotografien.

1. Die sowjetische Perspektive

Die sowjetische Perspektive wird anhand von einigen wenigen, in dieser Arbeit z.T. schon vorgestellten Texten verdeutlicht. Als ein Textbeispiel aus den 20er Jahren ist die 1927 in Berlin veröffentlichte Schrift *Gefängnisse in der Sowjetunion* des Juristen Emilian Širvindt anzusehen. Es handelt sich hierbei um eine leicht modifizierte und mit Fotografien erweitere deutsche Übersetzung der Abhandlung *Naše ispravitel'no-trudovoe zakonodatel'stvo*, die 1925 in Moskau erschien. Auf die Übersetzung wird sich im folgenden bezogen. Die Schrift propagiert die Fortschrittlichkeit der sowjetischen Strafpolitik und kritisiert gleichzeitig den früheren zaristischen und kapitalistischen Strafvollzug als menschenverachtende Verfahren, die auf eine Zerstörung der individuellen Persönlichkeit des Gefangenen hinausliefen. So wird in dem Kapitel "Das Studium der Persönlichkeit der Häftlinge" von der kapitalistischen Strafpolitik berichtet:

> "In den Gefängnissen der kapitalistischen Länder hört der Verurteilte mit dem Augenblick des Strafantritts auf, ein Mensch zu sein: er verwandelt sich in eine Nummer und unterscheidet sich durch nichts von den anderen Sträflingen. Er ist einem mechanischen, eintönigen Regime unterworfen, dessen ganzes Ziel darin besteht, im Menschen die Individualität zu töten, seine Persönlichkeit zu vernichten.
>
> Im Gegensatz hierzu ist das Regime in den Haftanstalten der USSR darauf aufgebaut, jeden einzelnen Häftling streng individuell zu behandeln und in ihm Aktivität und Initiative zu entfalten." (S. 27f)

Das Buch beinhaltet die wesentlichen Punkte des liberalen StGB von 1926, die es in einer verständlichen Zusammenfassung wiedergibt. Der sowjetische Strafvollzug ziele nicht auf eine körperliche Züchtigung des Häftlings, vielmehr sei eines seiner Hauptziele die kulturelle Arbeit mit den Häftlingen, die neben der Liquidierung des Analphabetentums eine berufliche Weiterbildung der Insassen beinhalte. Eine herausragende Bedeutung komme daher auch den von den Häftlingen selbst redigierten Zeitungen zu. Die Illustrationen der Abhandlung sollen den gewaltsamen Charakter des zaristischen und den bildungspolitischen Anspruch des sowjetischen Strafvollzugs verdeutlichen:

(Gefängnisse in der Sowjetunion, Einband vordere Innenseite)

Wandzeitung „Stimme des Gefangenen"

Die Wandzeitung wird von den Gefangenen selbst geschrieben; alle Wünsche, Anregungen, Kritiken und Beschwerden werden in ihr veröffentlicht. Bekanntlich ist in den kapitalistischen Staaten den Gefangenen selbst das Briefschreiben sehr erschwert.

(Gefängnisse in der Sowjetunion, Einband vordere Innenseite)

Zeitschriften

die von den Gefangenen redigiert und herausgegeben werden. Die Zeitschriften haben einen großen Leserkreis, z. T. auch außerhalb der Haftanstalt.

(Gefängnisse in der Sowjetunion, Einband hintere Innenseite)

In den Gefängnissen des zaristischen Rußland

war der Henker die wichtigste Stütze des Regimes. Mißhandlungen waren an der Tagesordnung.

war der politische Katorgasträfling an seine Pritsche und sein Arbeitsgerät gefesselt.

(Gefängnisse in der Sowjetunion, Einband hintere Innenseite)

In den Haftanstalten der Sowjetunion

gibt es keine Folterknechte; die Zellen der Gefangenen sind hell und luftig, die Gefangenen können sich weiterbilden.

Mit den bereits zitierten Prestigebänden *Ot tjurem k vospitatel'nym učreždenijam* und *Belomorkanal* setzt die Sowjetunion in den 30er Jahren die Propagierung der eigenen Strafpolitik und die Diffamierung der kapitalistischen Praxis fort.

Das gemeinsame Charakteristikum aller Aufsätze in *Ot tjurem k vospitatel'nym učreždenijam* ist eine deutlich negative Bezugnahme auf die Strafpolitik westlicher Länder und des vorrevolutionären Russlands, deren als "Totenhäuser" stilisiertes Gefängnissystem von dem neuen sowjetischen Anstaltssystem mit seiner sozialen Ausrichtung ad absurdum geführt werde (S. 5). Der russische Strafvollzug sei von Prinzipien wie Selbstkontrolle (самоконтроль), Selbstdisziplin (самодисциплина) und Selbstverwaltung (самоуправление) geprägt und weise die Häftlinge in sinnerfüllte Bildungs- und Arbeitsprozesse ein, was anhand zahlreicher Einzelfotografien und Fotocollagen belegt werden soll:

(Ot tjurem k vospitatel'nym učreždenijam, S. 360b)

РСФСР. Новинский домзак. Лучшая ударница электромонтер

RSFSR. Gefängnis in Novinsk. Elektromonteurin und Bestarbeiterin

(Ot tjurem k vospitatel'nym učreždenijam, S. 80b)

БССР. Гомельская фабрично-заводская исправительно-трудовая колония. Следственные за работой в столярном цехе

Das Arbeits- und Erziehungslager von Gomel'. Untersuchungshäftlinge bei der Arbeit in der Tischlerei.

(Ot tjurem k vospitatel'nym učreždenijam, S. 280a)

Zeitungen mit hoher Auflage
(Zeitungstitel: „An das Arbeiterwohnheim", „Bestarbeiter", „Der Arbeitshäftling", etc.)

Auch der Band *Belomorkanal* verfolgt diese propagandistisch-diffamierende Strategie. Bereits auf den ersten Seiten des Buches wird die kollektive Einheit des Landes („единая воля партии“ / „коллективный труд“ /20/ [„Einheitswille der Partei“ / „kollektive Arbeit“) kontrastiert gegen eine konkurrierende "Selbstzerfleischung" der kapitalistischen Länder („Разнобой инициатив“ / „конфликт человека с человеком“ /ebd./ [„uneinheitliche Handlungsansätze“ / „zwischenmenschliche Konflikte“]). Der Ursprung des Verbrechens befinde sich im bourgeoisen Westen, er produziere aufgrund seiner kapitalistischen Ordnung den straffälligen Menschen („драка всех против всех — в одном кармане золото, в другом — пистолет“ /ebd./ [„Jeder gegen jeden. In der einen Tasche Gold, in der anderen eine Pistole.“]). Der Stilisierung des Westens und des vorrevolutionären Russlands als Geburtsorte des Verbrechens wird das Bild einer sowjetischen Gesellschaft entgegengestellt, die unaufhaltsam zu einem neuen, verbrecherlosen Kollektiv heranreife:

"В последних «шалманах» и «малинах» с недоумением поговаривают о том, что профессии вора приходит конец. Воровская среда разбита." (30)

„In den letzten „Gaunerhöhlen“ erzählt man sich ungläubig davon, dass der Beruf des Diebes seinem Ende zugeht. Die Diebeswelt ist zerschlagen.“

Das zweite Kapitel von *Belomorkanal* beinhaltet ein Unterkapitel mit dem Titel *Buržuaznye tjur'my i lagerja. Raspisanie pytok* (36ff / *Bürgerliche Gefängnisse und Lager. Foltermethoden*). In diesem werden verschiedene Länderporträts mit ihren Strafvollzugsformen aneinandergereiht, verurteilt und von der sowjetischen Praxis abgegrenzt. In westlichen Staaten verbündeten sich mittelalterliche Verfahren der Schmerzerzeugung, die öffentliche Zurschaustellung der Delinquenten, der Zugriff auf den Leib des Häftlings mit inhumanen Formen der Einschließung. Diesen stehe die Ausrichtung des sowjetischen Strafvollzugs auf die Besserung und Bildung des Häftlings sowie seine Wiedereingliederung in die Gesellschaft gegenüber. Fotografien sollen die Grausamkeit westlicher Strafpraktiken verdeutlichen (vgl. nachfolgende Seiten).

Der russischen Fassung dieses Bandes folgte eine Übersetzung in das Englische: *The White Sea Canal*, erschienen 1935 in London. Die Anfertigung einer Übersetzung verdeutlicht, dass dieser Prestigeband neben dem sowjetischen Publikum auch für ausländische Rezipienten bestimmt war. Bereits der erste Satz der Einleitung in der englischen Ausgabe verdeutlicht den kontrastiven Ansatz der Übersetzung:

(Belomorkanal, S. 17)

Там, за рубежом, еще держат в такой тюрьме Димитрова и Тельмана, там еще угрожают такой тюрьмой лучшим сынам рабочего класса, там еще намерены превратить в такую тюрьму нашу свободную страну — передовой отряд мировой революции

Dort im Ausland hält man immer noch Dimitrov und Thälmann in einem solchen Gefängnis fest. Dort droht man den besten Söhnen der Arbeiterklasse mit einem solchen Gefängnis. Dort beabsichtigt man, unser freies Land, den Vorkämpfer für die Weltrevolution, in ein derartiges Gefängnis zu verwandeln.

(Belomorkanal, S. 36)

Привыкай к могиле!

Gewöhne Dich ans Grab!

(Belomorkanal, S. 331)

Техника на Западе достигает высокого уровня

Die westliche Technik erreicht ein hohes Niveau

„This book answers two questions: the first and most often asked is, "What happens to political prisoners in the U.S.S.R.: does a Soviet labour camp differ from a concentration camp in, say, Nazi Germany?" (S. IX)

Verschiedene redaktionelle Unterschiede zwischen der Originalfassung und der Übersetzung könnten sich mit der Absicht der sowjetischen Seite erklären lassen, mit der englischen Übersetzung eine positive ausländische Resonanz auf die zeitgenössischen Entwicklungen innerhalb des sowjetischen Gesellschaftssystems zu erreichen. In der englischen Version fehlt z.B. das gesamte zweite Kapitel der russischen Ausgabe mit den ausführlichen Beschreibungen von Grausamkeiten in kapitalistischen Haftanstalten, da vermutlich vermieden werden sollte, durch den polemischen Charakter dieses Kapitels auf westlicher Seite Kritiken bzw. eine Gegenpolemik auszulösen. Die englische Fassung verfolgt eher eine stärkere Betonung der "überragenden Leistung" der sowjetischen Häftlinge und des "außergewöhnlichen Erfolges", den die Vollendung des Kanals für die sozialistische Gesellschaft darstelle.

Zunächst soll festgehalten werden, dass in einer Reihe von sowjetischen Texten das sowjetische Strafsystem apologetisiert und die Strafpraxis kapitalistischer Staaten diffamiert werden, diese russischen Texte häufig sogar in Übersetzungen mit teilweise veränderten Fassungen vorliegen (vgl. z.B. *Gefängnisse in der Sowjetunion*, *The White Sea Canal*).

2. Antibolschewistische Texte: Die Gegenperspektive

Die Reaktion des Auslandes auf die sowjetische Propagandapolitik soll im folgenden anhand deutscher Schriften verdeutlicht werden. Dabei wird sich im wesentlichen auf Texte beschränkt, die sich unmittelbar auf den Bau des Weißmeerkanals beziehen oder sogar als direkter Gegentext zu dem Band *Belomorkanal* gelesen werden können.

Mit dem Machtantritt der Nationalsozialisten 1933 beginnt in Deutschland ein neuer Abschnitt in der sogenannten "Sowjetforschung". Die Arbeit *Sowjetforschung* von Hermann Greife eröffnet eine Schriftenreihe des *Instituts zur wissenschaftlichen Erforschung der Sowjet-Union*, dessen "Forschungsziel" darin bestehe, "Probleme der Udssr im Geiste der echten Wissenschaftlichkeit zu behandeln und so am Aufbau einer neuen deutschen Sowjetforschung im Rahmen der nationalsozialistischen Wissenschaft mitzuwirken."[241] Den bolschewistischen Machthabern wird eine beschönigende Lügenpolitik und gleichzeitig die gewaltsame Unterdrückung des russischen Volkes vorgeworfen. Als alleinige Grundlage für eine "erfolgreiche" Erforschung der Sowjetunion wird die "nationalsozialistische Weltanschauung" genannt, weshalb die Arbeit ausschließlich einem antisemitisch geprägten Argumentationsmuster folgt:

"1. Das internationale Judentum hat in der Sowjetunion ein raffiniertes System ausgebaut, welches ihm die Beherrschung der ungeheuren Bevölkerungsmassen und deren Ausbeutung ermöglicht.
2. Das Judentum hat in die Sowjetunion den Sitz der kommunistischen Welteroberungszentrale — der *Komintern* — gelegt und die Sowjetunion zu deren machtpolitischer und propagandistischer Basis ausgebaut.
Dieses sind die beiden Faktoren, die das Wesen der Sowjetunion kennzeichnen, und die im Endergebnis zu einer beispiellosen physischen und moralischen Verelendung und völkischen Degenerierung der Bevölkerung geführt haben." (S. 34f., Hrvg. i. Org.)

Der Großteil der nationalsozialistischen Schriften der 30er Jahre zur sowjetischen Strafpolitik gründet auf eben diesem antisemitischen Argumentationsschema.

Greife konzipiert mit seiner Publikation *Zwangsarbeit in der Sowjetunion*[242] einen Gegentext zu dem Band *Belomorkanal*, indem er Zitate und Fotografien aus dem sowjetischen Text uminterpretiert. Der Bau des Weißmeer-Kanals wird von ihm als Beispiel für die Vernichtung des russischen Volkes durch das Judentum dargestellt, wobei er auf die Authentizität der herangezogenen Quellen verweist: „Die vorliegende Untersuchung stützt sich deshalb ausschließlich auf authentisches, zum größten Teil sogar amtliches sowjetisches Material. ... Zu den in der Broschüre wiedergegebenen Bildern ist zu bemerken, dass es sich um getreue Wiedergaben nach den russischen Originalen des amtlichen Sowjetwerkes „Stalin-Weißmeerkanal" oder der Sowjetpresse handelt, deren Qualität den Sowjetverhältnissen entsprechend schlecht ist."[243]

Greife zitiert in seinem Text Biografien von Sowjetbürgern, die Opfer einer willkürlichen Strafpolitik geworden seien. Der Bau des Kanals diene vor al-

---

[241] Hermann Greife: *Sowjetforschung*. Schriftenreihe des Instituts zur wissenschaftlichen Erforschung der Sowjet-Union, Heft 1. Berlin/Wien 1936, S. 17.
[242] ders.: *Zwangsarbeit in der Sowjetunion*. Berlin/Leipzig 1936.
[243] ebd. S. 2 (Vorwort)

lem einem Ziel: der Liquidierung des Klassenfeindes.[244] Greife reißt einzelne Textstücke aus *Belomorkanal* aus ihrem ursprünglichem Kontext heraus und setzt sie zu einem neuen Text zusammen, der aus umgekehrter, antisowjetischer Perspektive den Kanalbau kommentiert. Eine Vielzahl von Fotografien aus *Belomorkanal* illustrieren diesen Gegentext – jedoch mit veränderten Bildunterschriften. Nachfolgend wird eine Gegenüberstellung von Fotografien einschließlich ihrer Kommentierungen aus dem Band *Belomorkanal* mit Bildern und Gegenkommentaren aus *Zwangsarbeit in der Sowjetunion* vorgestellt. Eine derartige „Konfrontation" der Bilder verdeutlicht zudem ein ungewöhnliches intermediales Verhältnis von Bild und Schrift (bzw. Bildunterschrift): die Bilder scheinen durch ihre variable „Beschriftbarkeit" ihre semantische „Eigenenergie" gegenüber einer sie beliebig semantisierenden Schrift völlig zu verlieren:

(Belomorkanal, S. 257)

Женские бригады соревновались с нацменовскими

Die Frauenbrigaden wetteiferten mit den Kaukasierbrigaden

[244] ebd. S. 29

(Greife, Zwangsarbeit in der Sowjetunion, S.39)

Auch Frauen müssen dieselbe harte Arbeit verrichten wie Männer. Das schreckliche Los der verbannten Frauen übersteigt alle Vorstellungen. Was sie an Erniedrigungen und Qualen ausstehen müssen, läßt sich mit keinen Worten schildern.

(Belomorkanal, S. 149)

Природу научим, – свободу получим
(Из репертуара повенецкой агитбригады бывших воров)

Die Natur werden wir bezwingen – die Freiheit werden wir erringen.
(Aus dem Programm einer Agitpropgruppe ehemaliger Diebe aus Poveneck)

(Greife, Zwangsarbeit in der Sowjetunion, S. 33)

Der Bau des Weißmeerkanals. Spitzhacke, Handkarren und Bretter – das ist die ganze technische Ausrüstung der Zwangsarbeiter. Das Bild zeigt, daß der Untergrund nur aus Gesteinsmassen besteht. Schon allein das Fehlen jeglicher technischer Hilfsmittel macht das Leben der Verbannten zur Hölle.

(Belomorkanal, S. 154)

Винтовку так держат не для страха, а потому, что так удобнее

(Übersetzung vgl. folgendes Bild)

(Greife, Zwangsarbeit in der Sowjetunion, S. 25)

Винтовку так держат не для страха,
а потому, что так удобнее

Die Verbannten werden auf Schritt und Tritt scharf bewacht. Das Bild zeigt die schußbereite Wache. Der russische Text zu dem Bild lautet witzig: „Das Gewehr wird so gehalten, nicht um Angst einzujagen, sondern weil es so bequemer ist."

Ein weiteres Textgenre, das an der Konstituierung dieses Gegendiskurses beteiligt ist, ist das der (gedruckten) Parteirede. Verschiedene nationalsozialistische Parteifunktionäre beziehen sich in ihren Reden direkt auf den Bau des Weißmeer-Ostsee-Kanals und folgen dem weiter oben bereits erwähnten antisemitischen Argumentationsschema: Jüdische Funktionäre tragen die alleinige Verantwortung für die Versklavung der sowjetischen Bevölkerung.

So behauptet Joseph Goebbels 1936 in seiner Rede *Der Bolschewismus in Theorie und Praxis*[245]:

„Schon die Arbeitsweise des Sowjetarbeiters nach dem berüchtigten Stachanoff-Antreibersystem verdient den Namen Sklavenarbeit. Der Sowjetunion blieb es vorbehalten, Sklaverei im wörtlichsten Sinne wieder einzuführen. Etwa 6 1/2 Millionen Menschen haben in den Zwangsarbeitslagern der Sowjetunion die Hölle auf Erden. In 300 riesigen Zwangsarbeitslager-Komplexen preßt der Bolschewismus das letzte aus ihnen heraus. Am Stalin-Weißmeerkanal, der von Zwangsarbeitern gebaut wurde, sind Hunderttausende von Leichen verscharrt. Folgende jüdische G.P.U.-Leiter erzwangen den Bau des Kanals im mörderischen Tempo: ...“ (S. 16)

Es folgt eine Namensliste der am Bau beteiligten Tschekisten mit dem jeweiligen Hinweis auf ihre jüdische Herkunft. Goebbels bezeichnet die G.P.U. als "Terrorapparat" und die ihr unterstellten Haftinstitutionen als "Blutkeller der Tscheka", in denen Gefangene willkürliche Grausamkeiten erleiden müssten (S. 16f).

Auch Alfred Rosenberg instrumentalisiert den Bau des Weißmeer-Ostsee-Kanals zu einem "Kampfmittel" gegen den Bolschewismus, wenn er in seiner Rede *Der Kampf zwischen Schöpfung und Zerstörung*[246] von 1937 die leitenden Funktionäre des Kanalprojektes als "habgierige jüdische Verbrecher" darstellt:

„In welch furchtbarer Weise die Ausrottung eines noch europäisch fühlenden Menschentums von der jüdischen Führung der Sowjetunion durchgeführt wird, mag ein einziges Beispiel zeigen: Die Sowjetunion rühmt sich, im Laufe dieser Jahre zwei große Kanalprojekte verwirklicht zu haben: den Weiß-Meer-Kanal und den Moskau-Wolga-Kanal. Diese großen Bauten wurden von politischen Gefangenen, die mit Sträflingen zusammengekoppelt wurden, durchgeführt. Aus der ganzen Sowjetunion wurden zu diesen und ähnlichen Bauten die noch nicht

[245] *Der Bolschewismus in Theorie und Praxis*. Rede von Reichsminister Dr. Goebbels auf dem Parteikongreß in Nürnberg 1936. Berlin o. J.

[246] *Der Kampf zwischen Schöpfung und Zerstörung*. Kongressrede auf dem Reichsparteitag der Arbeit am 8.9.1937. In: Alfred Rosenberg: *Europa und sein Todfeind. Vier Reden über das bolschewistische Problem*. Bolschewismus. Schriftenreihe hg. v. G. Leibbrandt, Heft 6, S. 35-48. München 1938.

unter das bolschewistische System gebeugten Vertreter des guten Russentums und der übrigen unter dem roten Moskauer Imperialismus schmachtenden Völker des Sowjetstaates zusammengetrieben und in die Fronstätten gesandt ... In den Zwangsarbeitslagern längs des Weiß-Meer-Kanals waren 300.000 Häftlinge in menschenunwürdigen Umständen untergebracht, die im Laufe der Arbeitsjahre starben und dann immer wieder durch neue todgeweihte Häftlinge und Verbannte, nicht selten aus den deutschen Kolonien, nachgefüllt wurden ... Und so setzt sich die Vergewaltigung der noch verbleibenden guten russischen Kräfte und der Angehörigen aller anderen Völker der Sowjetunion in einer Grausamkeit fort, wie sie in der Weltgeschichte wohl einzig dasteht.“ (S. 99f.)

Wie groß das Interesse der Nationalsozialisten an einer Rezeption ihrer Ideologie im Ausland war, verdeutlicht die Übersetzungsgeschichte solcher Propaganda-Reden. Sie erschienen in verschiedenen westeuropäischen Sprachen, ebenso auf Bulgarisch und Russisch. So publizierte der in Berlin ansässige Verlag *Novoe slovo* (*Neues Wort*) vollständige Fassungen oder Auszüge aus Adolf Hitlers und Alfred Rosenbergs Reden auf den Nürnberger Parteikongressen in russischer Übersetzung.[247] In diesem Zusammenhang müsste der Frage nachgegangen werden, inwieweit derartige russische Übersetzungen von deutschen Texten als Gegenpublikationen zu den zahlreichen deutschen Übersetzungen sowjetischer Texte zu werten sind.

Neben den hier vorgestellten (pseudo)wissenschaftlichen Abhandlungen und Parteischriften gibt es eine große Anzahl von biografischen Texten, in denen sich ein antibolschewistischer, teilweise auch antisemitischer Ton mit einem Bekenntnis zur christlichen Heilslehre vereinigt. Es handelt sich hierbei um Biografien von Christen, die in der Sowjetunion von der GPU verfolgt wurden und in Gefängnissen oder Lagern einsaßen, mitunter dort auch ihr Leben verloren. Texte dieser Art verbinden einen Anklagediskurs – in diesem Falle gegen die sowjetische Strafpraxis und im weiteren gegen das politische System der Sowjetunion – mit einem *märtyrologischen* Diskurs: der bekennende Christ als Opfer der (jüdischen) GPU.

Als Textbeispiel dient im folgenden eine Publikation mit dem Titel *Das übertünchte Grab. Erinnerungen eines evangelischen Pfarrers aus der Sowjet-*

[247] *Razoblačennyj bol'ševizm.* Reči Adol'fa Gitlera i Al'freda Rozenberga na Njurnbergskom kongresse nacional'socialističeskoj germanskoj rabočej partii 8.-14.9.1936. Berlin o. J.
(*Der entlarvte Boschewismus. Reden Adolf Hitlers und Alfred Rosenbergs auf dem Nürnberger Parteitag der NSDAP*)
Prizyv k bor'be. Reči Adol'fa Gitlera i Al'freda Rozenberga na Njurnbergskom kongresse nacional'socialističeskoj germanskoj rabočej partii 7.-13.9.1937. Berlin o. J.
(*Aufruf zum Kampf. Reden Adolf Hitlers und Alfred Rosenbergs auf dem Nürnberger Parteitag der NSDAP*)

Union von 1934[248]. Diese Publikation besteht – wie die am Anfang dieser Arbeit vorgestellten „Bekenntnisgeschichten" des 18./19. Jhr. (!) – aus einem Korpus mehrerer Texte, wobei auch hier wiederum von einer heterogenen Autorschaft der Publikation auszugehen ist und ihr wie den frühen Bekenntnistexten die Intention zugrunde liegt, einen möglichst großen Rezipientenkreis zu erreichen. Das Bändchen beginnt zunächst mit einem Geleitwort der „Internationalen Pro-Deo-Komission", in dem betont wird, „Schilderungen vom Märtyrerleben der Christen in Sowjetrußland der Allgemeinheit zugänglich zu machen. Diese Martern sind ebenso wie die ersten Christenverfolgungen ein machtvoller Weckruf zu erhöhter christlicher Tatbereitschaft."[249] Wie den „Bekenntnisgeschichten" der früheren Jahrhunderte ist diesem Text ein pädagogisch-didaktischer Zug zu eigen, allerdings wird das bekennende Individuum nicht als warnendes Beispiel vorgeführt – wie im Falle des verurteilten Delinquenten – sondern als vorbildliches Beispiel für ein aufrichtiges Leben im christlichen Glauben. Dem Geleitwort folgt ein Vorwort des Herausgebers, in dem er die Authentizität der von ihm publizierten Erinnerungen zu bestätigen versucht: „Der evangelische Pfarrer, dessen Ringen und Dulden diese Seiten füllen, hat ausgelitten. Er verkörperte mit seinem gläubigen Bekennen, erhaben über alle Martern, selbst angesichts eines qualvollen Sterbens, den Todeskampf der evangelischen Kirche in der Sowjetunion. ... Ich bezeuge mit meinem ehrlichen Namen, dass die erschütternde Kunde, die mir über zwei Erdteile hinweg wurde, die Wahrheit ist. ... Ich bin gezwungen, manche grässlichen und schamverletzenden Einzelheiten zu verschweigen; die Schilderungen bleiben daher hinter der Wirklichkeit zurück." Danach folgen die eigentlichen Erinnerungen des Pfarrers, in denen dessen Biografie zu einer Leidensgeschichte stilisiert wird, die auffällige Parallelen zur biblischen Leidensgeschichte Jesu Christi enthält: Verhaftung durch die jüdische GPU – Gebete im Gefängnis – Verhöre und Verspottungen durch jüdische Untersuchungsrichter – Leidensweg durch verschiedene Gefängnisse und Lager. In dem Kapitel „Am Weißmeerkanal" wird der Kanalbau mit dem alttestamentarischen Pyramidenbau verglichen: „Wie im alten Ägypten die Kinder Israel zu Ehren Pharaos im Pyramidenbau als Sklaven arbeiteten, mussten die christlichen Sklaven dem heidnischen Kommunismus ein bleibendes Denkmal im Weißmeerkanal errichten."[250]

Ein Nachwort des Herausgebers würdigt den Verdienst des Pfarrers um die christliche Welt und schließt mit einer Mahnung an dieselbe.

---

[248] Carlo von Kügelgen (Hrsg.): *Das übertünchte Grab. Erinnerungen eines evangelischen Pfarrers aus der Sowjet-Union.* Berlin/Leipzig 1934.

[249] ebd. S. 7

[250] ebd. S. 157

Nicht der bekennende Delinquent, sondern das anklagende und zugleich den christlichen Glauben bekennende Opfer – der Märtyrer - wird über diesen Text vorgeführt. Seine Biografie soll als Vorbild und Warnung vor der jüdisch-bolschewistischen Gefahr eine möglichst weite Verbreitung in der christlichen Welt finden.

Der Umfang dieser christlichen, antibolschewistischen Bekenntnis- bzw. Anklageschriften ist schwer zu erfassen. Die meisten Texte tragen einen programmatischen Titel, viele besitzen ferner auf ihrem Einband Fotografien oder Zeichnungen von hungernden, misshandelten, gefangenen Körpern, die bereits den anklagenden Ton des Inhalts vorwegnehmen.[251]

Ferner existiert eine unüberschaubare Anzahl von biografischen Anklageschriften ehemals inhaftierter Parteifunktionäre, Industriearbeiter, ausländischer Staatsangehöriger, Kulaken etc. aus den 20er und 30er Jahren, in denen das Strafregime der Sowjetunion als menschenverachtende Praxis beschrieben wird.[252] Auch hier fallen wiederum die häufig nicht eindeutig nachweisbare Au-

---

[251] Vgl. ferner Rudolf Gurland: *Erlebnisse aus bolschewistischen Gefängnissen.* Leipzig 1929². (Auf Einband Zeichnung von Häftlingen in dunkler Kerkerzelle, die Hände zum vergitterten Fenster strecken); J. Rempel: *Der Sowjethölle entronnen. Eigene Erlebnisse eines jungen Christen im heutigen Rußland.* Kassel 1932. (Auf Einband Zeichnung von betendem jungen Mann neben Gitterfenster); Gerhard Fast: *Im Schatten des Todes. Erlebnisbericht aus Sowjetrußland.* Wernigerode 1935. (Auf Einband Zeichnung von verhungernden Menschen, die an Gräbern vorbeiziehen; hinter ihnen bolschew. Schreckgestalt, über ihnen leuchtendes Kreuz am Himmel). Vgl. ferner die von D. O. Schabert herausgegebene Schrift *Märtyrerbilder aus Russland aus den Jahren 1930-33*, erschienen 1935 in Riga. In ihr berichtet der Herausgeber von zerstörten Gotteshäusern, Misshandlungen von Priestern in der Öffentlichkeit etc. Das Ende des Vorwortes der Schrift verdeutlicht die ihr zugeschriebene Funktion: „Mögen die folgenden Ausführungen, deren Original russisch niedergeschrieben wurde, der Christenheit deutscher Zunge die Augen auftun für das Martyrium, das die russische Christenheit erduldet, denn sie leiden ja *für uns*." (S. 2). Es werden eine Reihe von Biografien verschiedener Erzbischöfe angeführt, die alle nach demselben Muster aufgebaut sind: Verhaftungen / Verhöre / Folterungen durch die GPU – Bestechung / Drohung / Spitzelanwerbung zur Entsagung vom christlichen Glauben – Standhaftigkeit / Vorleben des Evangeliums – Eindruck bei Mithäftlingen / Wandlung von Schwerverbrechern – Kerker / Lager / Tod.

Für weitere Texte zum Thema „Martyrium der Christenheit in Russland" in dieser Zeit vgl. auch die Arbeiten von I. Iljin und die von der „Russischen Bruderhilfe" herausgegebenen Schriften.

[252] Vgl. z.B. Wladimir Brunowski: *In Sowjetkerkern. Erlebnisse eines ehemaligen Sowjetfunktionärs.* Stuttgart u.a. 1930³. (Auf Einband eine an Gefängnisgitter gekettete Hand); Agricola: Das endlose Gefängnis. Erinnerungen des Finnländers Georg Kitchin aus den Kerkern der Sowjetunion. Berlin/Leipzig 1938². (Auf Einband Fotografie mit Häftlingen in überfüllter Zelle); *Die größte Sklaverei der Weltgeschichte. Tatsachenbericht aus den Strafgebieten der GPU.* Von Kajetan Klug. Aufgezeichnet von Karl Neuscheler. Berlin 1941. (Auf Einband Zeichnung mit Stacheldrahtzaun); Iwan Solonewitsch: *Die Verlorenen. Eine Chronik namen-*

torschaft, die Rolle von Herausgebern, Vorwörtern, Nachwörtern, die Unterschiede zwischen Originalen und angefertigten Übersetzungen bzw. Folgeausgaben, die Interaktion von Text und Bild etc. ins Auge.

Abschließend soll ein weiterer Text aus diesem Anklagediskurs herausgegriffen und anhand seiner Redaktions- und Übersetzungsgeschichte verdeutlicht werden, inwieweit ein Text gezielt verändert und als Material zum Aufbau eines ideologischen Feindbildes eingesetzt wird. 1936 erscheint in Schanghai von einem Autor namens N. I. Kiselev-Gromov eine Schrift mit dem Titel *Lageri smerti v S.S.S.R.*. Es handelt sich hierbei um den subjektiven Bericht eines ehemaligen Lagerfunktionärs der SLON[253], der aus der Sowjetunion geflohen war und anschließend seine Erfahrungen aufzeichnete. Kiselev-Gromovs Bericht wurde ein Vorwort des Herausgebers vorangestellt, in dem unter Berufung auf autobiografische Aufzeichnungen Kiselev-Gromovs dessen Lebensgeschichte knapp zusammengefasst wird: Im Bürgerkrieg gerät er in bolschewistische Gefangenschaft, kann sich jedoch als Rotarmist ausgeben und unter falschem Namen Karriere machen; später wird er der Nachlässigkeit im Dienst überführt und in die SLON strafversetzt; nach mehrjährigem Dienst in den Lagern gelingt ihm die Flucht über die finnische Grenze. In *Lageri smerti v S.S.S.R.* erläutert Kiselev-Gromov die Organisationsstruktur des nördlichen Lagerverbundes und beschreibt das Haftregime als eine Versklavung der Häftlinge.

Zwei Jahre später erscheint in Deutschland im Karl H. Frank-Verlag die Übersetzung der russischen Ausgabe: N. I. Kisselew-(Gromow): *Die Totenlager in der USSR.* Karlsbad/Leipzig 1938.

Die Differenzen zwischen den beiden Fassungen werden bereits durch ihren unterschiedlichen Umfang deutlich: Während die russische Originalausgabe 192 Seiten hat, besteht die deutsche Ausgabe bereits aus 345 Seiten. Die deutsche Übersetzung beinhaltet neben einem veränderten Vorwort das zusätzliche Kapitel *Mein Leben*, in dem die biografischen Angaben, die in der russischen Ausgabe knapp im Vorwort zusammengefasst sind, zu einem expressiv-polemischen, antisowjetischen Lebensbericht ausgeweitet werden. Während die russische Originalfassung nur eine einzige Zeichnung auf der Vorderseite beinhaltet, fügten die deutschen Herausgeber in den Text, der sich auf die SLON (!)

---

losen Leidens. Berlin 1937. Andrei Russinow: *Die große Täuschung. Aufzeichnungen aus Sowjetrußland, die der G.P.U. entgangen sind*. Berlin 1937.

253 SLON = *S*evernye *L*agerja *O*sobogo *N*aznačenija / Nördliche Lager zur besonderen Bestimmung: amtliche Bezeichnung für Lagersystem auf den Solovki, einer Inselgruppe im Weißen Meer.

Die Totenlager in der U.S.S.R
(Einbandvorderseite)

N. I. Kiselev-Gromov

(Einbandvorderseite)

(Titelblatt)

bezieht, zahlreiche Fotografien u. a. aus dem Band *Belomorkanal* (!) ein und versahen diese mit polemischen Kommentierungen.

Vorliegende Arbeit schließt mit einer weiteren „Bildkonfrontation“, wie sie weiter oben bereits im Zusammenhang mit einem anderen Text und anderen Fotografien erstellt wurde. Ein „medialer Kampf“ zwischen Schrift und Bild entsteht, indem Bilder aufgrund ihrer variablen „Beschriftbarkeit“ ihre semantische „Eigenenergie“ an eine sie beliebig semantisierende Schrift abtreten:

(Belomorkanal, S. 131)

Убрать скалу — здесь будет шлюз:

Weg mit dem Fels – hier soll die Schleuse hin!

(Die Totenlager in der USSR, S. 303)

Die Verbannten, darunter viele Frauen, bei der Arbeit.

(Belomorkanal, S. 281)

Легко сказать—разбор скалы, а вот посмотрите, как ее разбирают

Leicht gesagt – den Felsen zerlegen, aber schaut her, wie man ihn zerlegt.

(Die Totenlager in der USSR, S. 305)

Moderne Sklaven bei der Arbeit.

(Belomorkanal, S. 395)

Первые бараки в Дмитрове

Die ersten Baracken in Dmitrov.

(Die Totenlager in der USSR, S. 300)

In diesen Baracken, die nicht einmal richtige Fenster haben und die keinen genügenden Schutz gegen die grimmige Kälte bieten, hausen die Verbannten.

Resümee

Die Ausübung von Strafgewalt bedingt eine Produktion von Texten, mittels denen unterschiedliche Perspektiven auf das Strafereignis erzeugt werden.

Der Kollektivband *Belomorsko-Baltijskij Kanal imeni Stalina. Istorija stroitel'stva (Weißmeer-Ostsee-Kanal "Stalin". Geschichte des Kanalbaus)* ist als offizieller Text einer strafenden Macht zu werten, die durch dessen Verbreitung die Akzeptanz der von ihr verhängten Strafe zu erreichen sucht. Damit steht dieser Text in der Tradition zu „Bekenntnisgeschichten“ des 18./19. Jhr., in denen der sich schuldig bekennende Delinquent die Legitimität einer strafenden Fürstenmacht garantiert. Als eine Konsequenz der Bildungsmaßnahmen innerhalb des sowjetischen Strafvollzugs bleibt der bekennende Delinquent nicht nur bloßes Beschreibungsobjekt, sondern tritt selbst als Autor seines Bekenntnisses auf.

Einen Gegendiskurs zu offiziellen apologetischen Texten bilden Schriften, die Ausdruck des Bewältigungsversuches einer als Unrecht empfundenen Bestrafung sind. In diesem Sinne ist der Erzählzyklus *Kolymskie rasskazy (Geschichten aus Kolyma)* als ein „Gegentext“ zu *Belomorkanal* zu werten, da Šalamov die aufgezwungene Lagerstrafe als eine traumatische Erfahrung erlebt und in seinen Texten den terrorisierenden Charakter der Strafausübung vorführt. Gleich den offiziellen Texten dienen auch inoffizielle der Kommentierung von Strafe und sind ebenso auf eine Verbreitung ausgelegt, da sie als Zeugnis von erlittenem Unrecht fungieren.

Foucault formuliert mit dem Begriff der Disziplin eine spezifische Technik der Macht, welche die Fügsamkeit und Nützlichkeit menschlicher Kräfte reguliert. Vor dem Hintergrund der von Foucault beschriebenen Kontrollverfahren der Disziplin lässt sich auf eine Anzahl von diskursiven Begriffen (Raum-, Zeit-, Handlungs-, Entwicklungsstrukturen) zurückgreifen, die eine Lesart von *Belomorkanal* als komplexen Disziplinarapparat ermöglichen: Das Lager bedient sich der Verfahren der Disziplin, indem es für den Volksfeind ein Umerziehungsprogramm („perekovka“ / „Umschmiedung“) in einem zeitlichen Rahmen festlegt und dessen Umwandlung und gleichzeitige Normierung als Endziel anstrebt. Der Band *Belomorkanal* beinhaltet verschiedene Beschreibungsarten des Lagers als Fabrik, Armee und Schule. Entsprechend folgt die literarische Charakterisierung der Lagerinsassen als Arbeiter, Soldat und Schüler. Einzig der gefängnisartige Charakter des Lagers ist nicht auszumachen, da das Lager nicht als Ort der Einschließung und Isolierung dargestellt wird. Der Häftling arbeitet ohne psychischen oder physischen Druck, sein Körper wird „dank“ einer „fürsorglichen“ Lagermacht vor Misshandlungen verschont. Es existiert das Lager ohne Terror.

Belomorkanal ist ein Sammelband von Biografien, eine Ansammlung von Dossiers über Delinquenten. Der gemeine Delinquent rückt als Beschreibungsobjekt in den Mittelpunkt des Textes. Er steht in einem Spannungsfeld von Beobachtung und Protokollierung, indem er in schriftlichen Lebensläufen erfasst wird. Den Biografien liegt ein einheitliches Muster zugrunde: Der bisherige "verbrecherische" Lebenslauf erfährt im Lager einen Bruch, der sich in der Distanzierung des Häftlings zu seiner eigenen Vergangenheit verdeutlicht. Der Lageraufenthalt wird nicht als willkürliche Bestrafung wahrgenommen, vielmehr wird über die Lagerstrafe ein neuer, entscheidender Lebensabschnitt in die Biografie eingeführt. Es entsteht der normierte, nutzbringende, "neue" Mensch, dessen weitere biografische Entwicklung von der Lagermacht organisiert wird.

Neben Foucaults Ansatz ermöglicht Goffmans Diskurs der totalen Institution einen weiteren interpretatorischen Zugang zu *Belomorkanal*. Der Text entschlüsselt sich vor diesem Hintergrund als eine gigantische Kranken- und Therapiegeschichte, in der die Lagerstrafe die Form eines therapeutischen Heilungsprozesses annimmt. Ein Sinnzusammenhang von Verbrechen als Krankheit und Strafe als Heilung von derselben entsteht, so dass das Lager als eine Heilanstalt interpretiert werden kann. Eine Besserungspolitik propagiert die Überwindung eines früheren "kranken" Lebens und die Wiedereingliederung des geheilten Individuums in die Gesellschaft.

Der Erzählzyklus *Kolymskie rasskazy* beschreibt im Vergleich zu *Belomorkanal* ein völlig gegensätzliches Weltmodell. Das Lager wird als Terrorapparat dargestellt. Der menschliche Körper nimmt zentrale Bedeutung an: Schmerzempfindungen, mannigfache Anstrengungen zur Befriedigung körperlicher Bedürfnisse und die omnipräsente Gefahr der Körperzerstörung durch Krankheit, Prügel oder Tod bestimmen die literarische Charakterisierung des Lagers in den *Kolymskie rasskazy*.

Im Gegensatz zum biografischen Modell in *Belomorkanal*, das die Vergangenheit und die Zukunft des Delinquenten einschließt, ist in den *Kolymskie rasskazy* eine Zerstörung biografischer Einheiten festzustellen. Šalamov verzichtet in der literarischen Charakterisierung seiner Figuren weitgehend auf biografische Entwicklungsbeschreibungen früherer oder zukünftiger Lebensabschnitte. Der Lageralltag bewirkt eine Destruktion von Häftlingsbiografien: Der Delinquent verliert aufgrund der gegenwärtigen bedrückenden Lebensumstände den Bezug zu seinem vergangenen Lebenslauf, das Lager wird für ihn zu einem

"System des Vergessens" (Wolfgang Sofsky). Gleichzeitig kann er seine eigene Zukunft nicht vorausplanen, den Verlauf seiner weiteren Biografie somit kaum beeinflussen. Die biografische Einheit des Delinquenten löst sich im Lager auf. In den *Kolymskie rasskazy* kommt der Lagerstrafe eine gänzlich andere Funktion zu als in *Belomorkanal*. Der Delinquent wird nicht gebessert, sondern vernichtet, wenn er als Arbeitskraft untauglich geworden ist. Strafe fungiert nur mehr als ein Verfahren der Selektion. Da die Lagerstrafe als rein ökonomisches Prinzip zur Ausbeutung und Ausmerzung von Körpern angewandt wird, verliert sie aufgrund der Absenz pädagogisch-didaktischer Intentionen ihre Sinnhaftigkeit.

Der Zusammenhang zwischen Strafausübung und Textproduktion lässt sich anhand eines bestimmten Zeitraumes – der 20er und 30er Jahre des 20. Jhr. – besonders deutlich nachweisen: Sowohl das sozialistische als auch das kapitalistische Herrschaftssystem beziehen sich zur Etablierung ihrer ideologischen Positionen auf die eigene bzw. gegnerische Strafpolitik, indem sie diese über Texte zu rechtfertigen oder zu diffamieren versuchen. Texte (und Bilder) werden Bestandteil eines Strafdiskurses und dienen gleichzeitig der Konstituierung eines Anklagediskurses. Offiziellen sowjetischen, apologetischen Texten stehen antibolschewistische „Gegentexte" der verschiedensten Textgenres (Erlebnisberichte, Parteireden, populärwissenschaftliche Texte) gegenüber, die das Strafregime der Sowjetunion als menschenverachtende Praxis beschreiben. Auffallend sind in diesem Zusammenhang Parallelen zwischen antibolschewistischen „Erlebnisberichten" und „Bekenntnisgeschichten" aus dem 18./19. Jhr. hinsichtlich ihrer „heterogenen" Autorschaft: Differenzen zwischen Originalfassung und Übersetzungsversion, redaktionelle Veränderungen von Herausgebern und Verlagen lassen häufig nicht mehr die eindeutige Bestimmung eines Autors und des Wahrheitsgehaltes des betreffenden Textes zu. Während in „Bekenntnisgeschichten" des 18./19. Jhr. das bekennende Individuum – der reuige Delinquent - vorgeführt wird, steht in antibolschewistischen Texten eine andere Individualität im Mittelpunkt: das anklagende Opfer, der Märtyrer.

Literaturverzeichnis

Adler, Hans G.: *Theresienstadt 1941-1945. Das Antlitz einer Zwangsgemeinschaft. Geschichte, Soziologie, Psychologie*. Tübingen 1960².
ders.: *Dichtung in der Gefangenschaft als inneres Exil*. In: Bernd Engelmann (Hrsg.): *Literatur des Exils*. München 1981, S. 18-28.

Agricola: *Das endlose Gefängnis. Erinnerungen des Finnländers Georg Kitchin aus den Kerkern der Sowjetunion*. Berlin/Leipzig 1938².

Arendt, Hannah: *Elemente und Ursprünge totaler Herrschaft*. Frankfurt a. M. 1958².

Armanski, Gerhard: *Maschinen des Terrors. Das Lager (KZ und GULAG) in der Moderne*. Münster 1993.
ders.: *Der GULag - Zwangsjacke des Fortschritts*. In: Streibel, Robert / Hans Schafranek, 1996, S. 16-44.

Artem'ev, Vjačeslav P.: *Režim i ochrana ispravitel'no-trudovych lagerej MVD*. Institut po izučeniju SSSR, Issledovanija i materialy, serija 1-ja, vypusk 26. München 1956.

Avdeenko, Aleksandr: *Otlučenie*. In: Znamja, 3 / 1989, S. 5-73.

Baeyer, Walter von / Wanda von Baeyer-Katte: *Angst*. Frankfurt a. M. 1971.
Baeyer, Walter von / Heinz Häfner / Karl P. Kisker: *Psychiatrie der Verfolgten. Psychopathologische und gutachtliche Erfahrungen an Opfern der nationalsozialistischen Verfolgung und vergleichbarer Extrembelastungen*. Berlin/Göttingen/Heidelberg 1964.

Belomorsko-Baltijskij Kanal imeni Stalina. Istorija stroitel'stva. Pod redakciej M. Gor'kogo, L. Averbacha, S. Firina. Moskau 1934.
(engl. Übersetzung: *The White Sea Canal*. London 1935.)

Bettelheim, Bruno: *Erziehung zum Überleben. Zur Psychologie der Extremsituation*. München 1985.

Brunowski, Wladimir: *In Sowjetkerkern. Erlebnisse eines ehemaligen Sowjetfunktionärs*. Stuttgart u.a. 1930³.

Clark, Katerina: *Little Heroes and Big Deeds: Literature Responds to the First Five-Year Plan.* In: Sheila Fitzpatrick (Hrsg.): *Cultural Revolution in Russia, 1928-1931*. Columbia 1978, S. 189-206.
dies.: *The Soviet Novel. History as Ritual*. Chicago 1985².

Conquest, Robert: *Am Anfang starb Genosse Kirov. Säuberungen unter Stalin.* Düsseldorf 1970.
ders.: *Kolyma: The Artic Death Camps*. Oxford 1979.

Cooper, David u.a.: *Der eingekreiste Wahnsinn*. Frankfurt a. M. 1979. (Mit Beiträgen von David Cooper, Jean Pierre Faye, Marie-Odile Faye, Michel Foucault, Marquis de Sade, Marine Zecca)

Čuchin, Ivan: *Kanaloarmejcy. Istorija stroitel'stva Belomorkanala v dokumentach, cifrach, faktach, fotografijach, svidetel'stvach učastnikov i očevidcev*. Petrozavodsk 1990.

Dallin, David J. / Boris Nicolaevsky: *Arbeiter oder Ausgebeutete? Das System der Arbeitslager in Sowjet-Russland.* München 1948.

Die größte Sklaverei der Weltgeschichte. Tatsachenbericht aus den Strafgebieten der GPU. Von Kajetan Klug. Aufgezeichnet von Karl Neuscheler. Berlin 1941.

Dreyfus, Hubert L. / Paul Rabinon: *Michel Foucault. Jenseits von Strukturalismus und Hermeneutik*. Frankfurt a. M. 1987.

Dülmen, Richard van: *Theater des Schreckens. Gerichtspraxis und Strafrituale in der frühen Neuzeit*. München 1988.

Eberhardt, Andreas: *Verschwiegene Jahre. Biographische Erzählungen von Gefangenschaft und dem Leben danach.* Berlin 1998.

Fast, Gerhard: *Im Schatten des Todes. Erlebnisbericht aus Sowjetrußland.* Wernigerode 1935.

Foucault, Michel (Hrsg.): *Der Fall Rivière. Materialien zum Verhältnis von Psychiatrie und Strafjustiz.* Frankfurt a. M. 1975.
ders.: *Dispositive der Macht. Über Sexualität, Wissen und Wahrheit.* Berlin 1978.
ders.: *Technologien des Selbst.* Hrsg. von Luther H. Martin, Huck Gutman und Patrick H. Hutton. Frankfurt a. M. 1993.
ders.: *Überwachen und Strafen. Die Geburt des Gefängnisses.* Frankfurt a. M. 1994.
ders.: *Warum ich Macht untersuche: Die Frage des Subjekts.* In: Dreyfus / Rabinon, 1987.

Goebbels, Joseph: *Der Bolschewismus in Theorie und Praxis.* Rede von Reichsminister Dr. Goebbels auf dem Parteikongreß in Nürnberg 1936. Berlin o.J.

Goffman, Erving: *Asyle. Über die soziale Situation psychiatrischer Patienten und anderer Insassen.* Frankfurt a. M. 1973.

Greife, Hermann: *Sowjetforschung.* Schriftenreihe des Instituts zur wissenschaftlichen Erforschung der Sowjet-Union, Heft 1. Berlin/Wien 1936.
ders.: *Zwangsarbeit in der Sowjetunion.* Berlin/Leipzig 1936.

Gulag v karelii. Sbornik dokumentov i materialov. 1930-1941. Petrozavodsk 1992.

Gurland, Rudolf: *Erlebnisse aus bolschewistischen Gefängnissen.* Leipzig 1929².

Gutfleisch, Richard: *Strafvollzug und Erziehung.* Freiburg i. Br. 1926.

Heller, Michel: *Stacheldraht der Revolution. Die Welt der Konzentrationslager in der sowjetischen Literatur.* Augsburg 1975.

Huber, Fridolin (Hrsg.): *Ausführliche Bekehrungsgeschichte des Philipp Luchs, eines Gauners, welcher den 10. Juni 1799 zu Sulz am Neckar durch den Strang hingerichtet wurde. Zugleich eine Religionsschrift für alle Liebhaber der Wahrheit, vorzüglich aber für Bürger in den Städten, und das Landvolk.* Rotweil 1799.

Ivanovna, Tamara: *Ešče o "nasledstve", o "dolge" i "prave". Byl li Vsevolod Ivanov "ždanovcem"?* In: Knižnoe Obozrenie, 34 / 1989, S. 6.

Jakovlev, Boris: *Koncentracionnye lageri SSSR*. London 1983[2].

Kasack, Wolfgang: *Lexikon der russischen Literatur des 20. Jahrhunderts: vom Beginn des Jahrhunderts bis zum Ende der Sowjetära*. München 1992.

Kiselev-Gromov, Nikolaj I.: *Lageri smerti v S.S.S.R.* Schanghai 1936.
Kisselew-(Gromov), Nikolaj I.: *Die Totenlager in der USSR*. Karlsbad/Leipzig 1938.

Klein, Joachim: *Belomorkanal. Literatur und Propaganda in der Stalinzeit*. In: Zeitschrift für Slavische Philologie, Bd. LV (1995/96), S. 53-98.

Kügelgen, Carlo von (Hrsg.): *Das übertünchte Grab. Erinnerungen eines evangelischen Pfarrers aus der Sowjet-Union*. Berlin/Leipzig 1934.

Lebens- und Bekehrungs-Geschichte des Doctors der Rechte F. D. ..., eines am 30. September 1817 zu Aarwangen im Canton Bern hingerichteten Diebes und Mörders. Berlin 1827.

Meder, Walter: *Das Sowjetrecht. Grundzüge der Entwicklung 1917-1970*. Frankfurt a. M. / Berlin 1971.

Miller, Nikolaus: *Prolegomena zu einer Poetik der Dokumentarliteratur*. Münchner Germanistische Beiträge. München 1982

Mohr, Christian: *Die Strafanstalt als Erziehungsanstalt*. Celle 1929.

Moll, Michael: *Lyrik in einer entmenschlichten Welt. Interpretationsversuche zu deutschsprachigen Gedichten aus nationalsozialistischen Gefängnissen, Ghettos und KZ's*. Frankfurt a. M. 1988.

NKVD SSSR: *Kanal Moskva-Volga. Spravočnye dannye*. Dmitrov 1936.

Ot tjurem k vospitatel'nym učreždenijam. Sbornik statej pod obščej redakciej A. Ja. Vyšinskogo. Institut ugolovnoj i ispravitel'no-trudovoj politiki pri prokurature SSSR i NKJU RSFSR. Moskau 1934.

Pasche-Oserski, Nikolaj N.: *Strafe und Strafvollzug in der Sowjet-Union*. Berlin 1929.

Pingel, Falk: *Individuelle und kollektive Überlebensstrategien im Konzentrationslager*. In: Streibel, Robert / Hans Schafranek, 1996, S. 92-123.

Plaggenborg, Stefan: *Stalinismus als Gewaltgeschichte*. In: ders. (Hrsg.): *Stalinismus. Neue Forschungen und Konzepte*. Berlin 1998, S. 71-112.

Pogodin, Nikolaj F.: *Aristokraty*. Moskau 1935.

Prizyv k bor'be. Reči Adol'fa Gitlera i Al'freda Rozenberga na Njurnbergskom kongresse nacional'socialističeskoj germanskoj rabočej partii 7.-13.9.1937. Berlin o. J.

Razoblačennyj bol'ševizm. Reči Adol'fa Gitlera i Al'freda Rozenberga na Njurnbergskom kongresse nacional'socialističeskoj germanskoj rabočej partii 8.-14.9.1936. Berlin o. J.

Reiter, Andrea: *"Auf dass sie entsteigen der Dunkelheit". Die literarische Bewältigung von KZ-Erfahrungen*. Wien 1995.

Rempel, J.: *Der Sowjethölle entronnen. Eigene Erlebnisse eines jungen Christen im heutigen Rußland*. Kassel 1932.

Rosenberg, Alfred: *Europa und sein Todfeind. Vier Reden über das bolschewistische Problem*. Schriftenreihe Bolschewismus, Heft 6. München 1938.

Rossi, Jacques (Rossi, Žak): *Spravočnik po GULagu*. London 1987.

Ruder, Cynthia A.: *Making History for Stalin. The Story of the Belomor Canal*. Florida 1998.

Russinow, Andrei: *Die große Täuschung. Aufzeichnungen aus Sowjetrußland, die der G.P.U. entgangen sind*. Berlin 1937.

Šalamov, Varlam: *Sobranie sočinenij v četyrech tomach*. Moskau 1998.
ders.: *Iz zapisnych knižek*. (Publikacija, vstupitel'naja zametka i primečanija I. Sirotinskoj). In: Znamja, 6 / 1995, S. 134-175.

ders.: *Vospominanija*. (Podgotovka teksta i publikacija I. Sirotinskoj). In: Znamja, 4 / 1993, S. 114-170.
ders.: *Iz perepiski*. (Publikacija i primečanija I. Sirotinskoj). In: Znamja, 5 / 1993, S. 110-160.
Schalamov, Warlam: *Kolyma. Insel im Archipel*. Übers. von G. Drohla. Köln 1967.
Schalanow (eigentl. Schalamow), Warlam: *"Artikel 58". Die Aufzeichnungen des Häftlings Schalanow*. Köln 1967.
Schalamov, Warlam: *Geschichten aus Kolyma*. Übers. von A. Nitschke u. A. Manzella. Frankfurt a. M. u.a. 1983.
ders. *Schocktherapie. Kolyma-Geschichten*. Übers. von T. Reschke. Berlin 1990.
ders.: *Ankerplatz der Hölle*. Hrsg. von N. Hess u. S. Heinrichs. Berlin 1996.

Šalamovskij sbornik. Vypusk 1-2. Vologda 1994-1997.

Sbornik dokumentov po istorii ugolovnogo zakonodatel'stva SSSR i RSFSR 1917-1952 gg. Pod redakciej prof. I. T. Goljakova. Moskau 1953.

Schabert, D. O.: *Märtyrerbilder aus Russland aus den Jahren 1930-33*. Riga 1935.

Scherbakova, Irina: *Erinnerung und die Strategie des kollektiven und individuellen Überlebens im GULag*. In: Streibel, Robert / Hans Schafranek, 1996, S. 72-91.

Schirwindt, Emilian: *Naše ispravitel'no-trudovoe zakonodatel'stvo*. Moskau 1925.
ders.: *Gefängnisse in der Sowjetunion*. Berlin/Wien 1927.
ders. / B. Utevskij: *Sovetskoe ispravitel'no-trudovoe pravo*. Moskau 1931^2.

Schittenhelm, Ulrike: *Strafe und Sanktionssystem im sowjetischen Recht. Grundlinien der Kriminalpolitik von den Anfängen bis zum Ende des Sowjetstaates*. Beiträge und Materialien aus dem Max-Planck-Institut für ausländisches und internationales Strafrecht Freiburg, Band S 46. Freiburg i. Br. 1994.

Schröder, Hans J.: *Die gestohlenen Jahre. Erzählgeschichten und Geschichtserzählung im Interview: Der Zweite Weltkrieg aus der Sicht ehemaliger Mannschaftsoldaten*. Tübingen 1992.

Seela, Torsten: *Entstehung und Entwicklung von Büchern in Konzentrationslagern*. In: Zentralblatt für Bibliothekswesen, Heft 8, August 1988, S. 337-344.
ders.: *Bücher und Bibliotheken in nationalsozialistischen Konzentrationslagern. Das gedruckte Wort im antifaschistischen Widerstand der Häftlinge*. München/London/New York, Paris 1992.

Sofsky, Wolfgang: *Die Ordnung des Terrors: Das Konzentrationslager*. Frankfurt a. M. 1999³.

Solženicyn, Aleksandr: *Archipelag Gulag*. Bd. 1-3, Moskau 1991.
Solschenizyn, Alexander: *Der Archipel GULAG*. Bd. 1-3, Bern 1976.

Solonewitsch, Iwan: *Die Verlorenen. Eine Chronik namenlosen Leidens*. Berlin 1937.

Stekl, Hannes: *„Labore et fame" – Sozialdisziplinierung in Zucht- und Arbeitshäusern des 17. und 18. Jahrhunderts*. In: Christoph Sachße / Florian Tennstedt (Hrsg.): *Soziale Sicherheit und soziale Disziplinierung. Beiträge zu einer historischen Theorie der Sozialpolitik*. Frankfurt a. M. 1986,

Stettner, Ralf: *"Archipel Gulag": Stalins Zwangslager - Terrorinstrument und Wirtschaftsgigant; Entstehung, Organisation und Funktion des sowjetischen Lagersystems 1928-1956*. Paderborn 1996.

Streibel, Robert / Hans Schafranek (Hrsg.): *Strategie des Überlebens. Häftlingsgesellschaften in KZ und GULAG*. Wien 1996.

Tret'jakov, Sergej: *Den Ši-chua. Bio-interv'ju*. In: ders.: *Strana-perekrestok. Dokumental'naja proza*. Moskau 1991.

USSR im Bau. Illustrierte Monatszeitschrift. Nr. 12, 1933.

Volkova, Elena V.: *Tragičeskij paradoks Varlama Šalamova*. Moskau 1998.

Vyšinskij, Andrej: *Teorija sudebnych dokazatel'stv v sovetskom prave*. Moskau 1946.
(dt. Übers.: Wyschinski, Andrej: *Theorie der gerichtlichen Beweise im sowjetischen Recht*. Berlin 1955.)

ders.: *Über die Sowjetjustiz*. Moskau 1939.

Weigel, Sigrid: *"Und selbst im Kerker frei ...!". Schreiben im Gefängnis; zur Theorie und Gattungsgeschichte der Gefängnisliteratur (1750-1933)*. Marburg/Lahn 1982.

Witte, Georg: *Therapeutische Geschichten. Ein autobiographischer und heterobiographischer Text Zoščenkos*. In: Klaus Städtke (Hrsg.): *Welt hinter dem Spiegel. Zum Status des Autors in der russischen Literatur der 1920er bis 1950er Jahre*. Berlin 1998, S. 61-76.

Zolotonosov, Michail: *Posledsvija Šalamova*. In: Šalamovskij sbornik, 1994, S. 176-182.

Berliner Slawistische Arbeiten

Herausgegeben von Wolfgang Gladrow, Barbara Kunzmann-Müller, Heinrich Olschowsky und Georg Witte

Band 1 Wolfgang Gladrow/Sonja Heyl (Hrsg.): Slawische und deutsche Sprachwelt. Typologische Spezifika der slawischen Sprachen im Vergleich mit dem Deutschen. 1996.

Band 2 Swetlana Mengel: Wege der Herausbildung der Wortbildungsnorm im Ostslawischen des 11.-17. Jahrhunderts. Eine Vergleichsstudie der Schriftsprache der Kiever Rus' zu der der Moskauer Rus', dem Altukrainischen und dem Altweißrussischen des 15.-17. Jahrhunderts unter Berücksichtigung des Altkirchenslawischen. 1997.

Band 3 Wolfgang Gladrow/Irene Dehmel (Hrsg.): Der Text in Forschung und Lehre. 1997.

Band 4 Klaus Buchenau: Die Distanzanrede im Russischen, Polnischen und Deutschen und ihre historischen Hintergründe. 1997.

Band 5 Elizaveta Kotorova/Елизавета Которова: Zwischensprachliche Äquivalenz in der lexikalischen Semantik/Межъязыковая зквивалентность в лексической семантике. Eine vergleichende Studie des Russischen und Deutschen/Сопоставительное исследование русского и немецкого языков. 1998.

Band 6 Wolfgang Gladrow (Hrsg.): Russisch im Spiegel des Deutschen. Eine Einführung in den russisch-deutschen und deutsch-russischen Sprachvergleich. Korrigierte und ergänzte Neuausgabe. 1998.

Band 7 Erika Günther: Das deutsch-russische Sprachbuch des Heinrich Newenburgk von 1629. Einführung, sprachliche Analysen, Text, Faksimile. 1999.

Band 8 Natascha Drubek-Meyer/Jurij Murašov (Hrsg.): Apparatur und Rhapsodie. Zu den Filmen des Dziga Vertov. 2000.

Band 9 Ėmma Šimčuk/Marina Ščur / Эмма Шимчук/Марина Щур: Wörterbuch der russischen Partikeln / Словарь русских частиц. Redaktion: Wolfgang Gladrow / Редакция: Вольфганг Гладров. 1999.

Band 10 Mirjam Goller/Nikolai Klimeniouk/Stephan Küpper/Elena Müller/Ute Raßloff/Cornelia Soldat (Hrsg.): Osteuropäische Lektüren. Beiträge zur 2. Tagung des Jungen Forums Slawistische Literaturwissenschaft, Berlin 1998. 2000.

Band 11 Stephan Küpper: Autorstrategien im Moskauer Konzeptualismus. Il'ja Kabakov, Lev Rubinštejn, Dmitrij A. Prigov. 2000.

Band 12 Barbara Kunzmann-Müller (Hrsg.): Die Sprachen Südosteuropas heute. Umbrüche und Aufbruch. 2000.

Band 13 Alicja Nagórko (Hrsg.): Aleksander Brückner – zum 60. Todestag. Beiträge der Berliner Tagung 1999. 2001.

Band 14 Stefanie Geldbach: Anaphernresolution und -übersetzung in der Sprachrichtung Russisch-Deutsch. 2001.

Band 15 Wolfgang Gladrow/Robert Hammel (Hrsg.): Beiträge zu einer russisch-deutschen kontrastiven Grammatik. 2001.

Band 16 Sebastian Prieß: Strafe und Textproduktion. Apologetisches Bekenntnis und literarische Kompensation: Diskurse über Lagerhaft. 2002.

Peter Lang · Europäischer Verlag der Wissenschaften

Elke Mehnert (Hrsg.)

Landschaften der Erinnerung

Flucht und Vertreibung aus deutscher, polnischer und tschechischer Sicht

Frankfurt/M., Berlin, Bern, Bruxelles, New York, Oxford, Wien, 2001. X. 464 S.
Studien zur Reiseliteratur- und Imagologieforschung.
Herausgegeben von Elke Mehnert und Uwe Hentschel. Bd. 5
ISBN 3-631-35735-4 · br. € 50.10*

Im grenzüberschreitenden deutsch-polnisch-tschechischen Diskurs ist die Idee zu diesem gemeinsamen Band über Flucht und Vertreibung Deutscher aus Ostpreußen, Schlesien und dem Sudentenland entstanden, wie sie in literarischen Texten von Autoren und Autorinnen aus diesen drei Ländern vermittelt werden. Nicht zufällig haben die meisten hier vertretenen Literaturwissenschaftler/innen ihre Sozialisierung unter sozialistischen Verhältnissen erfahren, als das Thema hinter einer Nebelwand aus Ideologemen versteckt wurde. Ihnen ist daran gelegen, einen eigenen Beitrag zur Überwindung von Sprachlosigkeit oder einseitiger Problemsicht zu leisten.
Eine Bibliographie der Vertreibungsliteratur ergänzt die Textbeiträge und macht zugleich Desiderate in der bisherigen Aufarbeitung des Vertreibungsthemas deutlich.

Aus dem Inhalt: C. Kleßmann: Flucht und Vertreibung im 20. Jahrhundert – ein zeitgeschichtlicher Abriß · E. J. Richards. Vertreibung und Flucht als imagologisches Problem · H. Orl/owski: Tabuisierte Bereiche im deutsch-polnischen Gedächtnisraum · V. Maidl: Flucht und Vertreibung in der tschechischen Nachkriegsliteratur · E. Mehnert: Vertriebene versus Umsiedler – der ostdeutsche Blick auf die Nachkriegsgeschichte · T. Namowicz: Flucht, Vertreibung und Zwangsaussiedlung in der westdeutschen Literatur über Ostpreußen · J. Joachimsthaler: Die Semantik des Erinnerns. Verlorene Heimat – mythisierte Landschaften · M. Kowalzcyk: Die Vertreibung der Deutschen (in Texten jüngerer polnischer Schriftsteller/innen) · U. Bonter: Der deutsche Exodus in den Augen der polnischen Repatriierten · M. Kalisz: Genius loci · P. Zimniak: Zum Problem des Heimatverlustes in den Prosawerken von Monika Taubitz · J. Klose: Fünfzig Jahre danach – eines Aufklärers Reise durch Ostpreußen. Klaus Bednarz' „Fernes nahes Land" · T. Krause: Verlorene Heimat, Todesangst, fremde Barbaren – Barbara Suchners Bewältigung der Vertreibung · O. Ociepa: „Aladins Problem" – Ernst Jüngers konservativer Kommentar zu Vertreibung und Versöhnung · R. Neubert: Flucht und Vertreibung in ausgewählter neuerer deutscher und tschechischer Kinder- und Jugendliteratur · L. Vomáèková, P. Riha: Flucht und Vertreibung in der tschechischen Literatur

Frankfurt/M · Berlin · Bern · Bruxelles · New York · Oxford · Wien
Auslieferung: Verlag Peter Lang AG
Jupiterstr. 15, CH-3000 Bern 15
Telefax (004131) 9402131

*inklusive der in Deutschland gültigen Mehrwertsteuer
Preisänderungen vorbehalten

Homepage http://www.peterlang.de

FSC
www.fsc.org
MIX
Papier | Fördert
gute Waldnutzung
FSC® C083411

Kolibri 360 GmbH
Ferdinand-Jühlke-Straße 7
99095 Erfurt, Deutschland
produktsicherheit@kolibri360.de

Druck:
CPI Druckdienstleistungen GmbH
im Auftrag der
Kolibri 360 GmbH
Ferdinand-Jühlke-Str. 7
99095 Erfurt